간도는 누구의 땅인가

차례
Contents

프롤로그: '간도' 영유권 논쟁의 시작

간도(間島)는 우리에게 친숙한 곳이지만, 남의 나라 이야기처럼 생각하는 사람들도 있다. 간혹 독도와 더불어 '섬'으로 알고 있는 사람들도 있는 듯하다. 간도는 말 그대로 '사이에 있는 섬'이라는 뜻이지만, 섬이 아니라 만주 대륙으로 불렸던 두만강 이북의 대안 지역 일대를 가리킨다. 그런데 지명에 왜 섬을 뜻하는 도(島)자를 사용했는지는 알 수 없다. 확실치는 않으나 전하는 바에 의하면, 이 지역이 두만강과 송화강, 흑룡강에 둘러싸여 있기 때문에 붙여진 이름이라는 설도 있고, 원래는 두만강에 있는 섬을 가리켰으나, 그것이 확장되어 두만강 이북 일대를 가리키는 지명으로 사용되었다는 설도 있다. 단지 만주(滿洲; 중국은 만주라는 명칭을 사용하지 않고 동북지

방이라 함)라는 지명에서도 알 수 있듯이, 이 지역은 대륙임에
도 불구하고 물과 관련된 지명이 많은 것과 연관성이 있는 것
은 아닐까하는 소박한 의문을 갖는다.

간도는 간도(墾島), 간토(墾土), 곤토(坤土), 한토(閑土), 알동
(斡東) 등으로 불렸다. 간도(墾島)는 개간한 땅을 뜻하며, 알동
(斡東)은 조선 태조의 4대조인 목조(穆祖)의 근거지로 널리 알
려져 있다. 일설에 따르면 알동(斡東)→간동(幹東)→간도(間島)
로 변화된 말이라고도 한다.

원래 간도는 두만강 북쪽뿐만 아니라, 압록강 너머의 북쪽
만주 일대를 가리킨다. 그것을 다시 세분해서 두만강 이북 지
역을 동간도 또는 북간도라고 하고, 압록강 대안 일대를 서간
도라 했다. 여기서 서간도·동간도라고 하는 것은 백두산을 중
심으로 동쪽과 서쪽을 나눈 것이며, 북간도는 한반도의 북쪽
이라는 의미에서 붙여진 말이다. 덧붙여 두만강 이북의 노야
령(老爺嶺) 산맥까지를 동간도 하고, 노아(老爺) 산맥 북쪽의
송화강과 흑룡강까지를 북간도라 하는 경우도 있다.

일반적으로는 한민족이 서간도보다 북간도에 집중적으로
이주하여 살기 시작하면서 북간도(동간도)를 그냥 간도라 부르
게 되었으며, 압록강 이북 지역은 서간도라 부르고 있다(예부
터 중국에는 간도라는 지명이 없으며 연길延吉이라 불렸음). 실
제 간도의 구획은 정확하게 어디까지라고 확정할 수는 없으
나, 1909년 '간도협약'이 체결될 즈음에는 일본의 간도 파출
소가 관할하는 범위(한반도 면적의 약 10분의 1정도로 경상북도

정도의 크기)까지를 가리키는 말이었다.

간도는 고구려와 발해가 중국과 대치하면서 민족의 기상을 떨치던 곳이다. 그러나 현재의 우리 민족이 언제부터 이곳에 살기 시작했는지에 대해서는 정확하게 알 길이 없다. 지금까지의 연구로는 본래 이곳에 오래 전부터 사람이 살지 않았고, 어느 나라의 영토인지도 분명하지 않지만, 우리 민족이 처음으로 개간해서 살기 시작한 땅이 분명하다. 간도가 간토(墾土)와 간도(墾島)로 불린 이유는 이 때문이다.

그런데 1909년 간도협약으로 지금은 중국의 연변조선족자치주가 되어 있다. 조선의 외교권을 장악한 일본이 중국과 '간도협약'을 체결하여, 이 땅을 중국에 넘겨주었기 때문이다. '간도협약' 체결 100주년을 앞두고 최근 이 조약이 무효라는 주장이 본격적으로 나오기 시작했다. 물론 간도협약이 무효화된다고 해서 간도가 곧바로 한국의 영토가 되는 것은 아니다. 간도협약 이전의 상태에서 한·중 간에 영유권을 새로 확정해야 하기 때문이다.

연변조선족자치주에는 현재 약 90만 명의 조선족이 살고 있다(중국 전체 조선족은 약 200만 명, 자치주 전체 인구의 약 40%). 모두가 간도협약 이전에, 또는 일제 식민지 시대에 이주한 사람들이거나 그의 후손들이다. 이들은 중국에 살고 있는 56개 민족 가운데 생활수준과 문화수준이 가장 높다. 이곳에서는 중국어와 한국어가 공용어로 사용되고 있으며, 한국의 1970년대 농촌 풍경을 연상할 만큼 우리들에게는 친숙한 느

낌을 주고 있다. 지금은 탈북자 대부분이 이곳을 경유하여 중국과 한국으로 들어오고 있다. 이러한 의미에서 이곳은 예나 지금이나 우리 민족의 삶의 공간이라고 할 수 있다.

간도는 근대 한국 민족의 애환을 그대로 간직하고 있는 상징적인 의미가 있는 곳이다. 우리 민족이 일제의 식민지로부터 독립하기 위해 치열하게 투쟁했던 땅도 바로 간도이다. 가곡 '선구자'의 일송정이나 김좌진 장군의 청산리 대첩, 홍범도 장군의 봉오동 전투, 그리고 윤동주의 '서시' 등이 모두 간도를 배경으로 하고 있다. 김구 선생을 중심으로 한 상해임시정부가 독립을 위한 민족의 정치적 결사체였다면, 그러한 활동을 가능하도록 민족적인 기반을 제공해준 곳이 간도이다. 만약 간도가 없었더라면 우리 민족의 독립투쟁이 가능했을 것인가를 생각해 보게 된다. 즉 간도는 일제 식민지 치하에서 민족의 맥을 이어온 또 하나의 조선이었던 것이다.

우리가 지금 이 땅에 관심을 가지는 이유는 무엇인가. 최근 간도 영유권 문제를 둘러싸고 우리 사회는 두 가지의 도그마에 사로잡혀 있다. 하나는 중국의 동북공정이 한국의 간도 영유권을 자극했으며, 동북공정에 대응하기 위해 간도 영유권을 주장해야 한다는 것이다. 중국의 동북공정이 고구려를 중국 역사에 포함함으로써 이 지역에 대한 역사적 연고권을 주장하면서 간도의 영유권 문제를 해결하려는 의도를 가지고 있다는 측면은 부인할 수 없다. 그러나 간도 영유권 문제를 동북공정에만 대비시켜서 논할 경우, 이는 자칫하면 간도 영유권 논의가 동북공정에 대응하기 위한 일시적이고 감정적인 억지 주장으로 비쳐질 우려가 있다. 이는 거꾸로 중국의 동북공정이 폐기되면 한국의 간도 영유권 주장도 사라진다는 것을 의미한다.

또 하나는 간도협약 체결 100년이 되는 2009년 이전에 간도 영유권 문제를 해결해야 한다는 주장이다. 그 이유는 국제법 또는 국제관례상 100년을 넘기면 영유권 주장을 할 수 없다는 '100년 시효설'에 근거를 두고 있다. 그러나 100년 시효설에 관해서는 국제법적으로 확립된 이론이나 원칙이 없다. 이는 다만 과거 제국주의 국가들이 영토 할양의 한 방법으로 사용했던 조차(租借)가 최대 99년을 기한으로 하고 있기 때문에, 100년을 넘겨버리면 조차가 아닌 영유권으로 인정되는 것이 아닌가 하는 일종의 추론이다. '100년 시효설'에 따라 2009년까지 한·중 간에 간도 영유권 문제가 정식으로 논의되지 않으면, 그 이후에 우리는 간도 영유권 주장을 할 수 없게 된다. 근거없는 '100년 시효설'로 우리 스스로 자가당착에 빠져 간도 영유권에 족쇄를 채우는 일이 있어서는 안 될 것이다.

간도 문제에 대하여 우리 사회는 다소 무관심했지만, 학계에서는 오래전부터 간도에 대한 관심을 잃지 않고 조사·연구를 지속해 왔으며, 간도협약의 부당성을 지적하는 노력을 게을리 하지 않았다. 그렇기 때문에 간도 영유권 문제를 비롯해 간도에 대한 관심은 중국의 동북공정과는 별개의 차원에서, 그리고 '100년 시효설'에 관계없이 지속적이고 꾸준히 논의되고 연구되어야 한다.

조선과 간도

누구도 살지 않은 땅-간도

조선과 중국 사이에 간도를 둘러싼 영토분쟁은 1881년(고종 18년, 광서光緒 7년, 메이지 14년) 청국이 두만강 일대에 대한 영유권을 주장하고 간도에 거주하고 있던 조선인의 강제 퇴거를 조선 정부에 요구하면서부터 시작되었다. 원래 서간도와 함께 이 지역은 조선과 청국 양국이 사람의 거주를 엄격히 금하고 있던 간광(間曠)지대였다. 말하자면 무인(無人)의 봉금지대이며, 조선과 중국 사이에 소속이 불분명한 지역이었다고 보는 설이 유력하다.

이 지역을 봉금지대로 설정한 시기는 정확하게 알려져 있지 않다. 강희제의 명을 받아 1709년에서 1716년까지 중국 전 지역을 실제 조사하여 지도를 작성한 프랑스 선교사 바티스트 레지(J.B. Regis 중국명 雷孝思)는 「조선의 지리적 고찰(Observation Geogrephiqyes Sur le Royaume de Coreé Tires des Memoires Du Pere Regis)」이라는 글에서 "조선의 경계와 변책(辺柵: 변경의 경계를 표하는 목책) 사이를 무인지대로 한 것은 만주가 조선과 싸워 이를 정복하였을 때 정해진 것이며, 만주가 중국을 정복하기 이전이다."고 기술하고 있다. 그의 주장에 따르면, 청이 조선을 침략한 1627년(정묘호란)과 1636년(병자호란)을 계기로 봉금지대가 설정되었다고 할 수 있다.

정묘호란과 병자호란은 만주에서 발흥한 청이 중국 중원을 차지하고 있는 명을 공략하기에 앞서, 명나라와 동맹관계에 있던 조선이 배후에서 공격하는 위협을 배제하기 위해, 선제공격 차원에서 이루어진 것이다. 그 연장선 상에서 청이 명을 공격할 때 조선이 배후에서 협공을 하지 못하게 하기 위한 방책으로 압록강 이북 지역(서간도)과 두만강 이북 지역(간도 또는 북간도) 일대를 중립지대로 삼았다. 이른바 강도회맹에 의해 봉금지대를 설정한 것이다. 이러한 의미에서 본다면, 이 지역은 정치적으로는 양국 간의 직접 충돌을 방지하는 완충지대 또는 '비무장 중립지대'라고 할 수 있다. 그러나 조선이 배후에서 공격하는 것을 방지하기 위한 것이 주목적이었다면, 조선과 동맹관계에 있던 명나라가 멸망한 이후에는 사실상 봉금지대의 의미가 없어진다. 그럼에도 불구하고 그 이후에도 봉금지대가 계속 유지된 이유는 무엇일까.

조선의 주장에 의하면, 백두산을 포함한 이 지역은 조선 왕실의 역대 조상들이 연고를 두었던 곳으로 사실상 조선 왕실의 발흥지이며, 특히 백두산은 고조선 이후 건국의 상징으로서 그 신성성을 지키기 위해 일반인의 거주를 금했다고 한다. 한편 중국의 주장에 의하면, 백두산(중국에서는 '장백산'이라 함) 일대는 만주족의 발흥지이자 청 왕조의 발상지로서 그 신성함을 지켜야 하는 영지(靈地)라고 한다. 즉 청국으로서는 이 지역이 청나라 건국의 발상지(龍興發祥之地)였던 것이다.

이상과 같은 양국의 주장에서 공통적으로 보이는 것은 백두산 일대의 지역은 조선과 청(중국) 양국에서 각각 건국의 상징으로 중요하게 취급하여 일반인의 이주를 강하게 금지한 무인지대였다는 점이다. 이러한 이유로 장기간에 걸쳐 양국이 봉금정책을 시행하면서 이 지방을 무인 상태로 유지한 이상 정확한 국경선은 사실상 필요하지 않았던 것이다. 다른 한편으로는 양국의 봉금 정책 때문에 간도 지방은 조선과 중국 사이에 오랫동안 소속이 분명하지 않은 채 방치되었다고 볼 수도 있다. 이러한 의미에서 이 지역은 양국의 어느 쪽에도 속하지 않는 무주지(無主地)이며, 일종의 중립지대였다.

이상과 같은 정치·군사적인 의미에서 또 건국의 상징으로서 이 지역은 오랫동안 무인의 중립지대로 존재했었다. 이러한 중립적인 무인지대의 유지는 이 지역의 소속을 확정할 필요를 느끼지 않게 했다. 또 이 시기에는 아직 국경이 선의 개

넘이 아니라 지대(地帶)의 개념이었기 때문에 이러한 무주지 또는 봉금지대가 국경으로서의 역할을 하고 있었다.

백두산정계비와 간도

그런데 1712년(조선 숙종 38년, 청국 강희 51년) 중국은 조선과의 국경을 명확히 할 필요를 느끼고, 오라(烏喇, 길림) 총관 목극등(穆克登)을 파견하여 조선과 청의 변경을 조사하도록 하였다. 이에 조선에서는 접반사 박권(朴權)과 함경감사 이선부(李善溥) 등으로 하여금 그들과 함께 국경을 사정하게 했다. 그러나 목극등은 박권과 이선부가 연로하다는 이유로 동행을 못하게 하고, 군관 이의복(李義復), 조태상(趙台相), 역관 김응헌, 김경문(金慶門) 등 6명만 동행하도록 하였다. 목극등은 답사 결과에 기초하여 1712년 5월 15일 조선과 중국의 국경을 표하는 비석을 세웠는데, 이것이 바로 (백두산) 정계비이다. 답

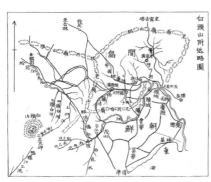

백두산 부근 지도.

사 과정과 정계비 건립 과정은, 접반사 박권이 동행을 거부당한 것에서 알 수 있듯이, 목극등의 일방적인 주도로 진행되었으며, 조선의 의사는 거의 반영되지 않았다. 그렇기 때문에 백두산정계비에 의한 조선과 청국의 국경 획정은 중국이 일방적으로 결정한 것이라 할 수 있다.

백두산 정계비는 천지(天池) 남동쪽4km, 해발2200m 토문강과 압록강의 분수령위에 높이72㎝, 아랫부분 너비55.5㎝, 윗부분 너비25cm의 크기로 세워졌다. 비문의 본문은 「大淸烏喇總管穆克登奉旨查邊至此審視西爲鴨錄東爲土問故於分水嶺上勒石爲記」의 35자로 구성되어 있다("대청국 오라총관 목극등은 황제의 명을 받아 변경을 조사히여 여기에 이르러 자세히 살펴보니, 서쪽으로는 압록(강)이고 동쪽으로는 토문(강)이다. 하여 강이 나누어지는 고개 위 돌에 새겨 기록한다"는 의미).

(참고로 백두산 정계비는 만주사변 직전인 1931년 9월 28~29일 사이에 사라지고, 그 후 그 자리에는 '백두산 등산도'라는 푯말이 대신 서있게 되었다. 누가, 왜 이 비석을 없앴는지는 알 수 없다. 정계비의 기록과 다르게 체결한 간도협약의 부당성을 은폐하려는 일본 측의 소행일 것이라 추정하고 있을 뿐이다. 그러나 비석의 기록과 탁본, 사진 등이 여러 나라에 남아 있어 역사적 기록으로서 문제가 될 것은 없다.)

그러나 토문강과 압록강의 분수령에 비석을 세웠다고는 하나 바로 강원(江源)이 있는 곳은 아니다. 토문강의 강원은 비석으로부터 25리나 떨어져 있어 목책을 세우거나 돌과 흙을

쌓아서 표식(土堆, 石堆)을 했다. 그 아래 5리가량은 물이 흐르다가 그 다음 약 70여리는 물이 지표 밑으로 사라져 물줄기가 보이지 않는 건천이며, 그 후 다시 물줄기가 시작된다. 물줄기가 사라지는 처음 약 30여리는 산이 높고 골짜기가 깊어서 굳이 표식을 할 필요가 없었다. 산이 높고 골짜기가 깊은 모양이 마치 흙으로 된 문처럼 생겼다고 해서 토문(土門)이라 한다. 골짜기가 끝나고 물줄기가 다시 시작되는 곳까지의 약 40여리는 목책(木柵)을 세워서 강의 흐름을 표했다. 이처럼 정계비에서 토문강 물줄기가 본격적으로 시작되는 곳까지의 약 100여리는 아주 주도면밀하게 인위적으로 표식을 만들어 양국의 국경을 표했던 것이다. 이는 장래의 분쟁을 방지하기 위해 목극등의 요구로 조선이 축조한 것이다.

백두산정계비의 비문에서 핵심이 되는 내용은 다음 세 가지이다. 우선 청국의 오라 총관 목극등이 주체가 되어 세웠다는 내용과 압록강과 토문강을 조선과 중국의 국경으로 한다(西爲鴨綠東爲土門)는 내용, 그리고 비석이 서있는 자리가 압록강과 토문강이 갈라지는 지점이라는 내용이다. 이를 정리하면, (조선이 아닌) 중국에 의해 조선과 중국의 국경이 압록강과 토문강으로 정해졌으며, 그것을 표시하기 위해 두 강이 갈라지는 지점에 비석을 세웠다는 것이다. 이것이 조선과 중국 사이에 문서화된 최초의 국경 조약이다. 이 비문에 의하면, 압록강—정계비—토퇴, 석퇴—토문강이 조선과 중국의 국경이며, 그 이남은 전부 조선의 영토라는 의미이다.

결론부터 이야기 하면, 현재까지 한·중 양국 간에 미해결의 국경 문제가 되고 있는 것은 이 비문의 토문(土門)이라는 두 글자이다. 즉 서쪽의 압록강에 대해서는 양국에서 거의 이설이 없는데, 동쪽의 경계인 토문이 어느 강이냐 하는 점에는 한·중 양국의 의견이 일치하지 않고 있다. 즉 한국 측에서는 토문강이 정계비 부근에서 발원하여 만주의 송화강으로 흘러 들어가는 지류, 즉 송화강 상류를 가리킨다고 주장하고 있으며, 이에 대해 중국은 토문은 두만강과 같은 강이라는 주장이다. 간도는 토문강과 두만강 사이에 위치하는 땅이기 때문에 토문이 명확해지지 않으면 간도의 영유권도 확실해지지 않게 되는 것이다.

이와 관련하여 정계비의 내용과 정계비 주변의 지형과의 정합성을 살펴볼 필요가 있다. 정계비 부근의 지형을 살펴보면 다음과 같다. 정계비에서 토문강까지는 2리 정도이며, 육안으로 보이는 거리이다. 그러나 두만강의 강원은 정계비에서 남쪽으로 약 100여리 떨어져 있는 소백산에서 출발하고 있으며, 정계비에서 두만강 강원은 보이지도 않는다. 그렇기 때문에 목극등이 두만강을 국경으로 했다면, 정계비는 당연히 압록강과 두만강의 강원이 보이는 분수령인 소백산에 세웠어야 마땅하며, 그렇지 않으면 정계비에서 보이는 압록강과 토문강을 국경으로 했다고 보는 것이 설득력이 있다. 그러나 중국 측의 주장대로 토문강을 두만강으로 해석했을 경우, 두만강 강원이 보이지 않는 지점에 정계비를 세웠을 리가 없을 것이기

백두산 정계비의
내용을 기초로 작성한 지도.

때문에 정계비의 내용과 지형이 일치하지 않는 모순이 있다. 이 모순을 해결하기 위해 중국 측은, 원래 정계비는 두만강의 강원이 보이는 소백산에 있었으나, 그 후 조선 측이 정계비를 지금의 지점으로 옮겨놓았다고 주장하면서 정계비를 부정한다.

그리고 또 하나는 토문이 정계비 부근에서 시작하여 송화강으로 흘러들어가는 지류라는 것이 확정되어도, 그 다음 단계의 국경이 명확하지 않은 것도 문제로 남는다. 즉 토문강은 송화강으로, 송화강은 다시 흑룡강으로 흘러들어가서 연해주를 감싸고 사할린 섬의 북쪽 타타르 해협으로 빠져나간다. 때문에 송화강과 흑룡강의 어디까지가 한국의 영토(간도)인가가 문제이다. 현재 토문강—송화강—흑룡강이 한국의 국경선인가에 대해서는 명확한 의견이 제시되지 않고 있다. 그러나 영토에 대해서는 가급적 넓게 보려고 하기 때문에, 민간에서는 토문강—송화강—흑룡강을 국경으로 보는 경향이 강하다. 그럴 경우 한국의 영토는 러시아의 연해주를 포함하게 되기 때문에 국경 문제도 한국과 중국, 러시아로 확대된다. 이와 관련하여 중국은 1860년 이미 북경조약을 통해 연해주를 러시아에 할양했다. 이것은 중국과 러시

15

아가 조선의 동의 없이 연해주를 자의적으로 처분한 것으로 한국에는 그 효력이 미치지 못하며, 구속력이 없기 때문에 1860년의 북경조약을 재검토해야 한다는 논의도 있다. 이상과 같은 이유 때문에 간도 지역을 한국 영토로 표기하고 있는 고(古)지도들도 제작자에 따라 그 경계가 다르게 표기되어 있다.

유럽의 지도와 간도

그러면 이렇게 불분명한 한·중 국경을 당시 서양에서는 어떻게 보고 있었을까. 청나라 강희제 때 만든 '황여전람도(皇輿全覽圖)'라는 지도가 있다. 강희제는 프랑스 예수회 소속 선교사 도미니끄 파르냉(Dominique Parrenin)의 권유를 받고 죠아셍 부베(Joachin Bouvet)와 바티스트 레지(J.B. Regis) 등 10여명의 선교사에게 중국 전역을 실측하게 했다. 실측 사업은 1709년부터 1716년까지 진행되었으며, 이를 바탕으로 제작한 것이 '황여전람도'이다. 이 지도는 그 후 유럽에서 만든 조선, 중국 및 일본 지도의 기초가 되었는데(1750년에 Robert de Vaugondy, 1740년 Du Halde, 1794년 R.Wikinson가 각각 중국, 조선 및 일본 지도를 만들었다), 이들 지도에는 예외 없이 압록강 이북과 두만강 이북의 일정한 지역을 조선 영토로 표시하고 있다. 압록강 이북과 두만강 이북의 일정한 지역은 위에서 언급한 봉금 지역을 나타내는 것이다. 이를 반영하여 19세기 유럽의 역사지리학회에서는 이 지역을 중립지역(Neutrales Land) 혹은 무주

지역(Herrenloses Land)으로 보고 있었다.

그리고 레지의 지도를 근거로 1737년에 출판된 당빌(D'Anville)의 '신청국지도'에는 압록강과 두만강 이북에 경계선을 표한 후 국경선 아래쪽의 압록강 이북 지역을 PING AN(평안도의 중국 발음), 두만강 이북 지역을 HIEN KING(함경도의 중국 발음)이라 표기하고 있다. 이를 두고 판단했을 때, 당시 조선의 영토가 송화강과 흑룡강까지는 미치지 못했으나, 압록강과 두만강 이북의 일정한 지역이 조선 땅이었다고 할 수 있다. 이를 앞에서 언급한 간광지역과 관련지어 생각하면, 봉금지역의 북쪽 경계선이 엄밀한 의미에서 한·중 국경선이었으며, 국경선으로부터 압록강과 두만강까지를 중립지대로 설정했다고 볼 수 있다. 당시 조선과 중국의 정치적 역학 관계를 고려한다면, 이 중립지대도 중국이 자국의 국경선을 지키기 위해 국경선으로부터 일정한 거리의 지역(압록, 두만강까지)을 간광지로 설정하도록 한 것을 국경 개념이 명확하지 않았던 조선이 받아들

황여전람도를
기초로 유럽에서
제작한 당시의 지도.

였다고 봐야할 것이다.

그 당시 서간도 지역의 국경이 봉황성이라는 증거는 1894년에 조선을 다녀간 독일인 에른스트 폰 헤쎄-봐르테크(Ernst von Hesse-Wartegg)가 쓴 『조선(Korea)』(1895년)이라는 책에서도 찾아볼 수 있다. 이 책에서 그는 조선을 방문했던 중국 사신 Koei-Ling의 보고서에 포함된 지도에는 장책(長柵)이 청과 조선의 경계로 표시되어 있다고 기록하고 있다(Von Hesse-Wartegg, 1895, p.199). 이는 당시 중국도 압록강 이북의 서간도를 조선의 영토로 인정하고 있었다는 것이다. 이러한 배경에서 1842년에 조선은 청에게 중국 유민들의 퇴거를 요구하기도 했으며, 때로는 서간도 지역을 경비하는 조선 관헌과 이 지역에 침입하는 중국 유랑민 사이에 충돌이 발생해 사상자가 나기도 했다고 한다. 그 뒤 조선인의 이주가 늘어나면서 1869년 강계 군수는 서간도를 28개면으로 구획하여 7개 면은 강계군, 8개 면은 초산군, 9개 면은 자성군, 4개 면은 후창군에 각각 귀속시켰다. 또 조선 정부는 1897년 서상무(徐相懋)를 서변계관리사(西邊界管理使)로 임명하였고, 1900년경에는 평북관찰사 이도재(李道宰)가 서간도 지역을 평안북도에 편입시키고 세금을 징수하였다. 서간도에 대한 이러한 사실들로 미루어 봤을 때, 중국의 더욱 변방에 속하는 간도지역은 중국의 영향력이 훨씬 더 미약했을 것으로 짐작할 수 있다.

이러한 관점에서 본다면 원래 서간도와 (북)간도는 다 같이 조선의 영토였거나, 적어도 조선과 중국 간의 중립지대 내지는 무주지였다고 할 수 있다. 그런 것이 백두산정계비의 건립으로 서간도는 중국 영토가 되고, 간도는 조선의 영토가 되었다고 볼 수 있다. 즉 정계비를 통해 조선과 중국이 무주지를 양분한 것이다. 그것도 각자의 진출입이 보다 용이한 쪽을 차지한 셈이 되었고, 중국(청)은 자기들이 신성시 해왔던 백두산을 확보할 수 있었다. 압록강과 두만강 이북의 일정한 영역이 무주지 내지는 중립지대였다고 가정한다면, 백두산정계비에 의한 한·중 양국의 국경선 설정은 어느 정도 합리성이 있는 것으로 봐야 할 것이다. 그럼에도 불구하고 중국이 간도에 대한 영유권을 주장한다면, 이는 원래 조선의 영유지였거나 무주지였던 지역을 전부 중국이 차지하겠다는 것을 의미한다.

그럴 경우 백두산정계비는 국경 조약으로서의 의미를 상실하게 되며, 간도와 서간도에 대한 영유권 논의를 원점에서 전면적으로 새로 시작해야 할 필요가 있을 것이다. 고지도나 기록 등을 보면, 이들 지역이 조선 땅이라는 명확한 증거보다는 중국 땅이 아니었다는 증거가 훨씬 많은 것으로 판단된다. 최근 일부에서 간도뿐만 아니라 서간도에 대한 영유권을 동시에 제기해야 한다는 이유도 여기에 있으며, 그러한 주장이 전혀 근거 없는 것이 아니라는 것을 알 수 있다. 고조선, 고구려, 발해의 무대였던 이곳은 과거 중국의 영향력이 미치지 않는 지역이었으며, 19세기 말경부터 중국인의 이주가 시작되었던 곳이다. 만주 전체를 보더라도 중국의 중원 정부가 만주를 실질적으로 지배했던 시기는 역사적으로 거의 없으며, 민족적으로도 만주는 한족(漢族)의 영향력 밖에 있었다. 이런 의미에서 만주는 중국 고유의 영토가 아니라는 학설도 성립한다.

기회와 희망의 땅 간도

백두산정계비 건립 이후에도 양국은 여전히 봉금을 중시하여 일반인의 이주를 금지하고 있었기 때문에 양국 간에 국경을 둘러싼 분쟁은 일어나지 않았다. 그러나 양국 정부의 엄격한 봉금정책에도 불구하고, 그 이전부터 간도와 서간도 지방에 이미 조선인의 진출이 이루어지고 있었다. 조선인의 진출은 처음에는 주로 인삼 채집과 사금 채취 등 일시적인 목적에 의한 것이었으며, 농업은 봄의 해빙기에 강을 건너 평야를 태워 파종을 하고, 가을에는 수확을 끝내고 다시 돌아오는 '춘경추귀(春耕秋歸)'의 화전의 형태로 이루어지고 있었을 뿐, 본격적인 정착 생활의 단계로까지는 발전하지 않았다. 한편 당시 중국인의 진출은 거의 이루어지지 않은 상태였기 때문에 양국 간에 구체적 분쟁은 일어나지 않았다. 그런데 1710년 조선인 이만지(李萬枝) 등 수명이 강을 넘어 인삼을 채취하던 중국인을 살해한 사건이 발생했다. 이 사건을 계기로 중국은 조선과의 국경을 명확히 할 필요가 있다고 생각했을 것이며, 그 결과 목극등을 파견하여 정계비를 세웠다고 봐야 한다.

이 지역에서 조선인이 본격적으로 농업을 시작하게 된 직접적인 계기는 1869년에서 1871년의 함경도 지방을 중심으로 발생한 대흉작 때문이었다. 흉작을 피해 식량을 마련하기 위해 함경도 주민들은 간도와 서간도 지방으로 이주를 하게 되었다. 1871년의 흉작 때에 간도로 이주한 조선인은 약 1,000호가 넘었다고 한다. 간도가 이주의 대상이 된 것은 그곳이 지리적으로 가까울 뿐만 아니라, 장기간 봉금지대였던 탓에 토지가 비옥하여(수확고가 함경도의 3배나 되었다고 함) 경작에 적당하며, 더욱이 이 지역이 자유롭게 개척 가능한 무주지였다는 자연적 조건이 있었기 때문이다. 이러한 의미에서 조선 북부 지방의 조선인들에게 간도는 학정과 기근을 벗어날 수 있는 희망과 기회를 제공해주는 '신천지'였다.

그리고 이 지역에는 아직 중국인의 진출이 없었으며, 조선정부가 봉금정책을 실시하기는 했지만, 이 지역을 직접 관할하고 있는 변경의 지방관은 조선인의 간도 개척을 사실상 묵인했다. 함경도 관찰사는 이들에게 지권(地券)을 발부하여 등록하는 등 간도는 이미 조선인 농민에 의해 개척되고 봉금정책은 사실상 붕괴된 상태였다. 이러한 조선인의 간도 개척으로 무주지인 이 지역은 어떤 의미에 있어서는 사실상 조선 영토의 연장으로서 인식되고 있었고, 강을 넘어간다는 것은 월경(越境)이 아니라, 단순한 월강(越江)의 의미였다. 조선 북부의 조선인에게 두만강과 압록강은 국경 하천으로서의 의미나 인식이 없었던 것이다. 역설적으로 조선인의 이러한 인식이야말로 그들의 간도 이주를 촉진시킨 가장 근본적인 이유라 하겠다.

한편 청국인들도 산동성으로부터 혼춘(琿春) 지방을 중심으로 간도로의 잠입이 개시되었으나, 중국인들의 진출은 간도지방보다는 주로 서간도 지방에 집중되어 있었다. 서간도가 산동성에 지리적으로 가까웠기 때문이다. 간도는 지리적으로 멀리 떨어져 있을 뿐 아니라, 흑산산맥과 태평령산맥, 노야령 산맥 등으로 둘러싸여 있어 지형적으로도 진출하는 데 많은 어려움이 있었다. 중국 정부가 간도보다 서간도 지역의 개방을 10여년 정도 더 빨리 단행한 것도 중국인의 진출이 간도가 아닌 서간도 중심으로 이루어졌다는 것을 뜻한다.

조선인의 간도 진출에 의해 봉금정책이 사실상 붕괴된 것을 계기로 중국 정부는 1881년 간도 지역의 봉금을 정식으로 해제하고, 혼춘에 초간국(招墾局)을 설치하여 간도 지역의 개발을 추진하였다. 당시 혼춘 지방에는 약 400호 정도의 조선인이 이미 거주하고 있었다고 한다. 중국이 간도 개발에 착수한 배경에는 1872년 블라디보스톡 항의 완성을 계기로 러시아가 남하 정책을 적극적으로 추진하고 있었기 때문이다. 중국은 러시아의 남하 정책에 대항하기 위한 군사적 이유에서 만주 개발의 필요성을 느끼고, 1878년에 만주에 대한 봉금정책을 폐지했으며, 러시아의 남하 정책의 상징인 블라디보스톡에 가장 가까운 간도를 매우 중요하게 취급했다. 중국의 간도 개발 정책이 러시아와 국경을 접하고 있는 혼춘 지방을 중심으로 시작된 것도 이 때문이었다. 중국은 1880년 변방의 군사력 증강을 위해 혼춘 및 홍기하(紅旗河), 흑정자(黑頂子), 남강(南崗) 등에 정변군(靖邊軍, 보병·마병)을 설치함과 동시에 중국인을 대거 이주시켜 개발한다는 이민실변(移民實邊) 정책을 추진하였다.

중국 정부는 간도 개발의 일환으로 봉금해제와 동시에 조선 정부에 대해 간도 지역의 조선인을 '토문강' 이하로 쇄환할 것을 요구했으며, 그 다음 해 1882년부터는 두만강을 넘어 개간을 하는 조선인을 중국민으로 취급하고, 중국 의복을 착용할 것을 강요했다.

이러한 중국의 조치에 대해서 조선 정부는 중국의 요구대로 간도에서 조선인을 소환하려 했다. 그러나 현지에 거주하며 농업에 종사하고 있던 조선인은 '토문강' 이남으로의 퇴거를 강요하는 중국의 조치 및 이에 대한 조선 정부의 대응이 부당함을 지적하며 간도에서의 퇴거를 거부했다. 그들은 구전으로 전해지던 백두산정계비를 찾아내고 그 일대의 지세를 조사한 후, 종성부사 이정래에게 퇴거 조치의 부당함을 호소했다. 그들의 주장은 이러했다. "백두산정계비에 의하면 토문강(土門江)이 조선과 청국의 국경이며, 정계비에서 발원하는 토문강은 중국이 주장하는 두만강과는 다르며, 토문강 이남에 위치하는 간도는 조선 땅이다. 따라서 토문강 이남의 간도에서 농사를 짓고 있는 중국인들이 오히려 조선의 영토를 침범한 것이다." 이처럼 간도에 대한 영유권은 조선 정부가 아니라 현지에 거주하고 있던 농민들에 의해 제기된 것이다.

현지 농민의 호소를 받아들인 조선 정부는 1883년 서북경략사(西北經略使) 어윤중(漁允中)을 파견하고, 현지 사정에 밝은 종성의 김우식에게 정계비와 함께 조선과 중국의 경계를 조사하도록 했다. 조사 결과에 기초하여 조선 정부는, 중국은 정계비의 토문강을 두만강으로 잘못 알고 있으며 1882년 정부의 쇄환 조치도 충분한 조사를 하지 못한 결과라고 주장하고, 조선인의 퇴거를 강요하는 중국의 요구를 거부했다. 다시 말하면, 조선과 중국의 국경은 백두산의 정계비에 기록되어 있는 '동위토문, 서위압록'이며, 따라서 토문강 이남에 위치하고 있는 간도는 당연히 조선의 영토라는 것이다. 이것은 간도 영유권에 대해 조선 정부가 중국 정부에 제시한 최초의 공식적인 견해였다. 이로써 조선과 중국 사이에 간도 영유권을 둘러싼 국경 문제가 정식으로 제기되었다.

이와 함께 어윤중은 사람을 파견하여 간도의 실태를 파악했다. 어윤중은 간도에서 중국 관헌들이 조선인들을 박해하고 있으며, 많은 농민들이 춘경추귀(春耕秋歸)를 하고 있으나 이들은 결코 두만강 이남으로 귀환할 뜻이 없으며, 또 그들을 쇄환할 필요가 없다고 했다. 그리고 빨리 감계 위원을 파견하여 국경을 확정해서 조선인 농민을 보호해야 한다고 정부에 요청했다.

이상과 같은 전개 과정에서 보이는 특징은 1) 영유권이 불명확한 상태에서 봉금 해제 이전부터 간도는 이미 조선인에 의해 실질적으로 개척이 이루어지고 있었고, 중국 측의 간도 개발은 그 후에 이루어진 것이며, 2) 조선인의 간도 이주는 농민들에 의해 자연발생적으로 이루어진 것이나, 중국의 간도 진출은 정부 주도하에 의도적으로 이루어진 것이다. 덧붙여 양국의 간도 개발 형태의 차이는 조선인의 지위에 영향을 미쳤다. 즉 돈화(敦化)현과 초간국(招墾局)을 설치한 중국은 행정력을 배경으로 개척지를 길림성의 관유지로 강제 편입하는 등 조선인의 토지소유권을 박탈하여 조선인을 소작농으로 전락시켰다. 중국이 조선인에게 토지소유권을 인정하지 않은 것은 영유권이 확정되지 않았고, 아직 중국인이 희박한 상태에서 조선인에게 토지소유권을 인정하는 것은 사실상 간도를 조선인의 수중에 넘겨주는 꼴이 되어 조선의 간도 영유권을 실질적으로 인정하는 결과가 되기 때문이다.

그렇지만 중국은 간도에서 조선인을 적극적으로 내몰지는 않았다. 간도에는 이미 많은 조선인이 거주하고 있었기 때문에 그들을 전부 퇴거시키는 것은 현실적으로 불가능하며, 중국이 간도 개발에 착수하기는 했으나 중국인의 이주가 거의 없었기 때문에 조선인을 이용하지 않을 수 없었다. 이러한 조건 하에서 중국이 취할 수 있는 정책은 이주 조선인을 귀화시키든지 토지 소유권을 인정하지 않는 등의 방법으로 그들의 생활 기반을 불안정하게 하여 자기들에게 종속시키는 것이다.

한·중 간 간도 영유권 교섭: 내 목은 잘라도……

을유감계(乙酉勘界) 담판

공식적으로 조선 정부가 간도의 영유권 문제를 제기함에 따라 조선과 중국은 감계사를 파견하여 양국의 국경을 명확히 하기로 했다. 그 결과 한·중 양국은 1885년과 1887년 두 차례에 걸쳐 국경 교섭을 하게 되었다.

1885년(을유년) 조선은 안변부사(安邊府使) 이중하를, 청국은 감계감리총무 주영(奏煐)을 각각 감계위원 대표로 파견하였다. 양국 위원은 9월 30일에서 11월 29일까지 회령(會寧)과 무산(茂山)에서 두 차례에 걸쳐 교섭을 가졌다.

제1회의 회령회담은 양국의 간도 문제에 대한 기본 인식을 가장 잘 보여주고 있다. 교섭에 임한 양국 대표는 회담 후 각각의 주장을 정리한 문서를 교환하였다. 양쪽 주장의 요지는 다음과 같다. 우선 중국은 "비석(정계비)의 기록을 양국 경계의 증거로 하기에는 부족하다. 도문강(圖們江=두만강)이 조선과 중국의 천연의 경계라는 것은 우리나라(중국)의 전적(典籍)을 통해서 분명하다", "만약 조선이 도리를 알고 장백(長白)에서 발원하는 도문강을 경계로 한다면, 월간(越墾)한 조선 백성이 편안히 살 수 있도록(安置) 청해야 한다"고 주장하였다. 이에 대해 조선 측은 "중국이 파견한 오라총관 목극등이 세운 비에는 양국의 국경을 동은 토문(土門)강으로, 서는 압록강으로 한다고 기록되어 있다. 두만강을 토문강으로 하면 비석의 기록과 부합하지 않는다. 비석은 압록강과 토문강의 분수령에 있으며, 두만강을 경계로 하지 않은 것은 분명하다"고 반박했다. 이를 요약하면, 양국의 최대 쟁점은 1) 목극등이 백두산에 세운 비석을 '정계비'로 인정할 것인지, 2) 토문강과 두만강이 동일한 것인지를 둘러싼 근본적인 문제였다. 따라서 처음부터 양국의 타협 가능성은 매우 적었다. 다음에 수원(水源) 지역을 답사하기로 하고 첫 번째 회의를 마쳤다.

중국의 주장 가운데 주목을 끄는 것은, 만약 조선이 청국이 주장하는 두만강 국경설을 받아들일 경우, 중국은 조선인의 간도 거주를 승인할 의사가 있다고 제안한 점이다. 간도가 조선인에 의해 개척되었고, 오래 전부터 많은 조선인이 거주하고 있었다는 역사적 사실을 인정하는 대신에 간도에 대한 영토권을 확보하려는 중국의 의도였다. 중국의 이러한 발상은, 후에 '간도협약' 체결 과정에서도 적용되었으며, 여기에 중국의 간도 영유권 문제 처리에 대한 기본 구상의 일관성을 엿볼 수 있다.

양국 대표는 10월 3일 회령을 출발하여 27일까지 답사를 마치고 답사 결과를 기초로 각각 지도를 작성했다. 그리고 11월 27일에는 조사 결과와 작성한 지도를 가지고 양국 대표가 교섭을 시작했다. 교섭에서 조선 측은 "조사로 명백해진 것처럼, 비석의 동쪽(토문강)은 동으로 흐르다 북쪽으로 굽어 송화강으로 흘러들어가므로 토문강이 송화강의 한 지류라는 점은 의심의 여지가 없다"고 주장하였다. 중국 측은 "정계비는 중국에 기록이 없으며 신빙성이 없다"고 전제하고, 설사 "기록이 있다고 해도 비석의 서쪽 강원이 압록강으로 흘러들어가고 비석의 동쪽은 송화강으로 흘러들어가므로 비석의 '동위토문서위압록'과 부합하지 않는다. 따라서 이 비석은 후에 누군가가 만들어 세웠거나 당시의 목극등이 (두만강과 토문강을) 착오를 한 것이다"라고 주장하며, 조선 측의 주장에 반발하고, 나아가 정계비 자체를 근본적으로 부정했다. 그 후 중국 측은 "이번에는 변방을 살펴보기 위한 것으로 국경을 확정하기 위한 것이 아니다"는 말을 남기고 11월 29일 교섭을 중단하고 돌아가 버렸다. 이로써 조선과 중국 사이에 이루어진 역사상 최초의 국경 회담은 결렬되었다.

정해감계(丁亥勘界) 담판

그 후에도 양국 정부는 몇 번의 교섭을 통해 다시 위원을 파견하여 국경회담을 가지게 되었다. 1887년 3월 16일 조선과 중국은 을유담판 때와 같이 이중하와 주영을 대표로 파견하여, 4월 5일 회령에서 만났다. 교섭에 즈음해서 중국 측은 "이번 조사는 무산 상류의 도문강의 본류를 결정하여 국경을 확정하면 된다. 그것이 확정되면 그곳 경계선에 비석을 세워 국경을 명확히 하기 위해 미리 15개의 비석을 만들어 두만강의 3개의 발원지 가운데 가장 남쪽의 홍단수(紅丹水)와 본류가 합류하는 지점 부근에 운반해 두었다"고 했다. 중국은 두만강의 3개의 발원지와는 다른 또 하나의 가장 남쪽 지류인 서두수(西豆水)를 국경으로 확정하기 위해 그에 가장 가까운 홍단수 쪽에 국경 표시를 위한 비석까지 미리 준비하였던 것이다. 이러한 중국의 자세는 당시의 조선과 중국의 정치 역학을 반영한 것이었다.

임오군란과 갑신정변을 계기로 중국은 군대와 함께 원세개(統理交涉通商事宜)를 경성에 주재시켜 조선의 내정과 외교를 장악하고 있었다. 정해감계 담판이 열리게 된 것도 원세개의 작용에 의한 것으로, 중국은 조선에 대한 영향력(종주권)을 이용하여 자기들의 의도대로 국경선을 확정하려는 것이었다. 중국 대표 주영이 회담에 임해서, "최근 귀국이 화란(禍亂)을 맞아 중국 황제가 귀국(조선)을 보호해 주고 있는데, 귀국과 귀

정부는 이러한 황제의 은혜에 어떻게 보답할 것인가?"라고 한 발언은 당시의 회담 분위기 및 조선과 중국의 정치적 역학관계를 잘 보여주고 있다.

이러한 분위기에서 조선 대표 이중하는 청국 위원에게 "조선의 본의는 영토를 넓히려는 것이 아니며, 오직 아무런 숨김 없이 공정한 경계를 밝히고 경계를 표시하여 백성을 안정시키는 데 있다."고 했다. 그러나 중국 측의 위압적인 태도로 인해 그 후 이중하는 "이번 재조사에는 도문(圖們)강과 목극등 총관 비석(백두산정계비)의 경계를 조사하여, 이 가운데 황조(중국)의 지도에 부합하는 것을 찾아서 완결해야 한다."고 중국의 주장에 동의하게 된다. 이는 지금까지 조선이 강력하게 주장해왔던 '토문강 국경설'을 양보하고 중국의 '도문강(두만강) 국경설'에 동의하고, 간도 지역을 중국의 영토로 인정하는 것이었다. 조선의 양보로 이제는 3개의 두만강 강원 가운데 어느 것을 두만강의 본류로 할 것인가만 결정하면, 조선과 중국의 국경선은 확정되는 단계가 되었다.

양국 대표는 4월 16일 회령에서 다시 회담을 가졌다. 여기에서 중국 측은 정계비에서 가장 멀리, 즉 가장 남쪽에서 발원하는 홍단수를 두만강의 강원이라고 주장하였으나, 조선 측의 강한 반대에 부딪혀 중간 지점에 있는 석을수(石乙水)로 양보하였다. 이에 대해 조선 측은 정계비에 가장 가까운 즉 가장 북쪽을 흐르고 있는 홍토수가 두만강의 강원이라고 강하게 주장하였다. 조선으로서는 토문강을 양보하여 두만강을 양국의 국경으로 하기로 한 이상, 한 치의 땅이라도 더 확보하기 위한 고육책이었다. 그럼에도 불구하고 중국은 끝까지 자기들의 주장을 관철하려 하였다. 이에 분개한 이중하는 "내 목은 자를 수 있을지언정, 나라의 땅은 좁힐 수 없다⋯⋯ 어찌 이렇게 강박을 하느냐?"고 중국 대표단을 비난하며 회담을 중단하였다. 이중하의 태도는 당시 한·중 간의 정치역학 속에서 조선이 중국에 대해 할 수 있는 마지막 저항이었으며, 조선이 처한 정치적 한계를 상징하고 있다. 결국 양국의 교섭은 결렬되고 말았다.

다음 해 5월 북양대신 이홍장은 조선 정부에 다시 국경 교섭을 재개할 것을 제안하였다. 이에 조선 정부는 교섭을 열기 전에 양국이 의견 조정을 할 필요가 있다고 전제하면서, 조선 정부로서는 중국의 석을수 주장을 받아들일 수 없으며, 한·중 국경은 홍토수가 되어야 한다는 요지의 공문을 이홍장에게 보냈다. 그러나 청국 정부는 공식적인 회답을 피하고 경성 주재의 원세개를 통해서 '석을수설'을 고집하는 회답을 간접적으로 보내왔을 뿐이었다. 그 후 국경 회담은 열리지 않았다.

한편 조선 정부 내에서는 정해감계 담판에서의 이중하의 양보(토문강의 포기)를 비판하면서 중국과의 국경 교섭을 원점에서 다시 논의할 필요가 있다는 의견이 강해졌다. 그 결과 조선 정부는 통상사무 전권위원 원세개에게 "1887년의 감계는 다시 해야 한다."고 통고하고, 이중하의 토문강 포기론도 백지화 시켰다. 이것은 한때 잃어버린 땅이 되어버린 간도가 다시 조선의 영토로 되돌아오게 된 것을 의미했다.

조선과 중국의 대(對) 간도 정책

1885년과 1887년까지 행해진 한·중 양국의 국경 교섭은 결말없이 끝났다. 그 결과 양국이 실력을 배경으로 간도에 대한 지배권=통치권을 행사하게 됨으로써 간도는 양국의 지배권이 교차하는 무정부 상태가 되었다. 여기에는 간도에 대해 실질적 지배권을 확보함으로써 영유권 교섭을 유리하게 이끌려는 양국의 전략적 고려가 작용하고 있었다.

중국의 간도 정책

중국은 1886년 을유 국경 교섭이 중단된 후, 곧 혼춘 초간국의 남강 분국을 국자가(局子街, 지금의 중국 길림성 연길시)

에 설치하고, 1891년에는 혼춘의 초간국을 국자가로 이전하는 등 간도 지방의 개발에 적극적인 자세를 보였다. 그 일환으로 중국은 1894년 간도 지방 전체를 4대보(堡)로 나누어 39사(社)를 설치하고, 각사에 향약사장(鄕約社長)을 임명했다. 사는 다시 촌으로 나누고 촌장(甲長이라고 함)을 임명했다. 1903년에는 국자가에 연길청을, 대납자(大拉子)에 분방경역청(分防經歷廳)을 각각 설치하여 간도 지방의 행정 사무를 완전히 길림성의 관할하에 편입시켰다. 이러한 행정조직의 정비와 동시에 중국 정부는 산동성을 중심으로 이민을 적극적으로 받아들여, 간도 개간 정책을 본격적으로 추진했다. 또한 1904년 러일전쟁 발발 직후에는 전쟁으로부터 간도 지역을 보호하기 위해 국자가를 중심으로 길강군 사영(吉强軍 四營)을 주둔시키는 조치를 취하였다.

위에서 지적한 바와 같이, 중국 정부가 간도 개발을 위해 실시한 행정조직의 정비는 간도에 대한 지배권을 확립하여 조선인 이주자를 통제하고 중국인의 이주를 용이하게 하기 위한 것이었다. 간도가 절대 다수의 조선인들 거주자에 의해 지배되고 있었고, 중국인의 진출은 아직 본격화되지 않았기 때문이다. 당시 중국인과 조선인의 분포 상태는 분명하지 않지만, 중국 측의 조사에 의하면, 1894년 당시 간도 조선인은 4,308호 20,899명에 달했다고 한다. 1895년 함경도 관찰사 조존우(趙存禹)가 간도 지방을 조사하여 정부에 올린 보고서에는 "조선인은 이미 수만호를 넘고 있으나 청국의 압박을 받고 있으며, 중국인은 한인(조선인)의 100분의 1에도 미치지 못한다."
고 기록되어 있다. 또 2년 후인 1897년 경원군수 박일헌(朴逸
憲)의 조사 보고서는 "간도 지방에 사는 조선인은 수십만 호
에 달하고, 이 땅을 개척한 것은 우리 농민의 힘이며, 중국인
과 러시아인은 조선인의 10분의 1에도 미치지 못한다."고 되
어 있다. 이 기록들이 조선 측의 것이라는 점을 고려해도, 간
도 거주 인구의 대부분이 조선인이었다는 것은 쉽게 추측할
수 있다. 이처럼 간도가 사실상 조선인들에 의해 지배되고 있
는 데 대한 대항책이 중국의 간도 개발 정책이었다고 할 수
있다. 조선과의 국경 교섭이 결렬된 후, 중국이 본격적으로 간
도 개발을 시작한 것은 이를 단적으로 보여주는 것이다.

그러나 중국의 적극적인 정책에도 불구하고 중국인의 간도
이주는 활발하지 않았다. 만주의 다른 지역에도 아직 개간의
여지가 충분히 남아있는 상황에서 만주에서도 변방에 속하는
간도에 중국인이 이주하기는 쉽지 않았던 것이다. 그러한 상
황에서 중국이 간도를 실질적으로 지배하기 위해서는 간도에
정착하고 있는 조선인을 완전히 내쫓든지 혹은 그들을 적극적
으로 받아들여 귀화를 시켜 중국인화하는 수밖에 없었다. 하
지만 간도의 개간과 밀접한 관계에 있는 조선인을 전부 퇴거
시키는 것은—조선과 중국 사이에 영유권이 확정되지 않았으
며 간도가 완전히 중국 영토로 인정되지 않은 이상— 현실적
으로 불가능했다. 그 결과 중국 정부는 중국인의 이주를 장려
하면서 동시에 조선인에 대한 귀화정책을 적극적으로 추진하

게 된다.

중국은 조선인에 대해서 '머리를 땋고 호복(胡服)을 입을 것(薙髮易服)'을 강요함과 동시에 1890년에는 편적(編籍)을 통해 조선인을 일괄 강제 귀화시키려는 방침을 밝혔다. 이 조치에 따르지 않는 조선인들에게는 토지를 강제 몰수하거나 추방시키기도 하였다. 그 결과 간도에서 많은 조선인이 조선국내로 귀환하였다. 『동삼성정략(東三省政略)』에 의하면 1900년 전후 간도의 인구는 약 13만 명 정도로, 조선인과 중국인의 숫자가 거의 같다고 되어 있다. 이 숫자에 대한 신빙성은 매우 의문이지만, 이 숫자가 사실이라면 그것은 당시 중국의 조치로 많은 조선인이 퇴거했거나 귀화한 결과로 여겨진다.

또 이 시기 러시아령 연해주로의 조선 이주민이 증가하고 있는 현상도 특기할 점이다. 조선인의 연해주 이주는 대부분 간도로부터의 이주자이며, 시기적으로도 중국이 간도 조선인에 대해 적극적인 정책을 실시하면서부터였다. 조선 국내로의 귀환과 연해주로의 이주자를 제외한 간도 잔류 조선인은 중국 정책을 따르지 않을 수 없었으며, 중국에 대한 충성의 증거로 주로 어린이를 중심으로 한 집에 한 사람씩 청국인처럼 머리를 땋았다(薙髮)는 이야기도 있다. 기록에 의하면, 당시 중국에 정식으로 귀화를 한 조선인은 전체의 약 100분의 1정도였다고 한다. 중국의 귀화 정책이 실질적인 효과가 없었던 것이다.

조선 정부의 외무독변 민종묵(閔種黙)은 그해 8월 경성에 주재하고 있는 원세개(袁世凱)를 통해서 간도 조선인에 대한 탄압을 중지하도록 중국 정부에 요구했다. 그러나 중국 정부는 간도가 중국 영토인 이상, 조선인에 대해 강제 조치를 취하는 것은 당연하며, 중국의 허가없이 조선인이 간도에 진출하는 것을 방지하기 위한 것이라는 이유로 조선 정부의 요구를 거부하였다. 중국 측은 조선인에게서 강제 몰수한 토지를 초간국을 통해 중국 이주자에게 불하하고, 1상(晌, 4내지 7정보, 하루갈이의 면적)에 엽전 2량 2전을 지조(地租)로 징수하였다고 하나, 어느 정도 실효성이 있었는지는 알 수 없다. 이러한 중국 측의 토지 분여 정책은 유민으로 진출한 중국인을 간도에 정착시키고, 그들을 간도에서 지주로 성장하게 하는 계기가 되었다. 만주의 다른 지방에 비해 간도에서는 소수의 중국인 기생 지주에게 토지가 집중된 이유이다.

한편 중국 정부의 보호와 장려 조치에도 불구하고 중국인 이주는 매우 적었으며, 중국인에 의한 간도 개척은 현실적으로 불가능했다. 그 결과 미개간지를 개척하기 위해 중국인은 조선인의 노동력을 필요로 하게 되었으며, 상당수의 조선인이 중국 정부의 보호를 받는 중국인의 사역(使役) 즉 소작인으로 전락하게 되었다. 조선인이 간도 인구의 절대 다수를 차지하고 있음에도 불구하고, 연길청 전체에서 당시 조선인과 중국인의 토지 소유 면적은 각각 28,333묘(畝, 1묘는 154.3㎡)와 85,483묘로 중국인의 토지 소유 면적이 3배 정도 많았다. 이러한 상황에서 중국 정부의 방침과는 달리, 많은 토지를 불하받은 중국인 지주는 토지 개간을 위해 조선인의 간도 이주를 오히려 환영했다고도 한다. 조선인이 간도 이주를 환영받은 이유는 벼농사에 탁월한 기술을 가졌기 때문이었다. 10월 중순부터 다음해 5월까지 서리가 내리고 혹독한 겨울이 계속되는 이곳 동토(凍土)에 벼농사를 처음 도입한 것은 조선인이었다. 이곳에서 시작한 벼농사는 그 후 만주 전역으로 보급되었으며, 중국에서는 이를 지금도 농업혁명이라고 부르고 있다. 1934년 현재 동북 3성 총인구의 3.3%를 차지하는 조선인이 생산한 벼 생산량은 전체 수확량의 90.1%에 달했다고 할 정도였다.

참고로 간도에 조선인과 중국인의 민족별 인구비와 토지소유 비율은, 1909년 32: 66(인구비 75 : 25), 1918년 43 : 57(인구비 78 : 22), 1926년 46 : 54(인구비 81 : 19), 1931년 58 : 42(인구비 77 : 23)이다(李盛煥, 『近代東アジアの政治力学』, 413쪽). 조선인은 항상 전체 인구의 약 80%정도를 유지하고 있으나, 그들이 소유하고 있는 토지는 50%를 밑돌고 있었다. 조선인의 토지 소유 상황이 얼마나 열악했는가를 알 수 있다.

조선의 간도 정책

위와 같은 중국의 간도 지배 정책에 대해 조선 정부는 다음과 같은 정책을 실시하면서 중국에 대항했다. 중국과의 국경 교섭이 결렬된 후, 1890년 중국 정부가 조선인에 대해 편적 조치를 취하고부터 조선 정부는 적극적으로 간도 조선인 보호에 임하게 되었다. 조선 정부는 중국 정부에 편적 조치를 중지할 것을 요구하는 한편, 1895년 함경북도 관찰사 조존우에게, 1897년 경원군수 박일헌에게 각각 간도지방 시찰을 명하는 등 간도 조선인 대책을 강구했다. 조존우는 보고에서 수만호에 이르는 조선인이 중국인의 압제를 받고 있으므로 조선 정부로서도 그들에 대해 적절한 보호조치를 취해야 한다고 강조했다. 그러나 그 사이 조선 정부는 간도 조선인 보호의 필요성은 통감하고 있었으나, 동학란(1894년)과 명성황후 시해사건(1895년), '아관파천(俄館播遷 1896년) 등의 정변이 계속되어 현실적으로 간도에 대해 적극적으로 정책을 실시할 수 없었다.

조선 정부가 간도 문제에 대해서 적극적이고 구체적인 정책을 실시한 것은 1900년에 들어서부터이며, 특히 1902년 5월 이범윤을 간도시찰사(1903년 8월 간도관리사로 승격)에 임명하면서이다. 그 이전 1899년에 내부대신 이건하(李乾夏)는 함경북도 관찰사 이종관(李鍾觀)에게 간도 조사를 명했다. 이종관은 조사보고서에서 "토문강의 수원은 삼포에서 시작하여 강이 되고 북증산(北甑山) 서쪽을 흐르는 약 500리, 송화강과 합류하여 동쪽으로 가서 흑룡강(黑龍江, 러시아령에서는 아무르강이라 함)에 이르러 바다로 들어간다. 토문강의 상류에서 바다에 이르는 하선(河線)이 원래의 경계선이 분명하다"고 적고 있다. 정계비를 근거로 한 조선의 국경은 송화강과 흑룡강이남 지역 즉 간도 지방과 연해주 방면을 전부 포함한 지역이어야 한다. 따라서 중국이 연해주를 러시아에 넘겨준 1860년의 북경조약은 부당하며, 조선과 러시아, 중국이 협의하여 공정하게 국경선을 그어야 한다는 것이 그의 주장이었다. 이 보고서가 간도와 연해주를 포함한 지역을 대상으로 한·중·러 3자간에 영토 문제를 논의해야 한다고 문제 제기를 한 것은 매우 중요한 시사점이다. 이 주장이 시기적으로 청일전쟁으로 중국의 종주권이 부정되고, 1897년의 '대한제국' 선포 직후에 행해졌다는 점은 주목할 만하다. 대한제국의 선포를 통해 종래의 퇴영적인 태도에서 벗어나 적극적이면서도 자주적인 대외 정책을 실시하려는 대한제국(이하 기술의 일관성을 위해 편의상 조선이라 함)의 의지의 반영이라고 볼 수 있다.

이러한 방침에 기초하여 조선 정부는 1900년 온성 등 두만강 연안의 6진에 진위대를 배치하여 군사력을 배경으로 하여 조선인 보호에 임했다. 1901년 3월 회령에 변계경무서(邊界警務署)를, 무산과 종성에는 그 분서를 설치하여 간도를 관할 하에 두고, 사법, 행정 사무를 실시하면서 간도 조선인 보호정책을 폈다. 변계경무서는 간도를 동부와 서부로 나누고, 조선인이 밀집하고 있는 동부를 북도소(北都所), 종성간도, 회령간도, 무산간도, 경원간도로 나누었다. 이러한 조치는 중국의 의화단 사건을 계기로 러시아군이 만주를 침략하면서 간도를 점령한 시기(1900년 7월)와 거의 동시에 이루어졌다.

그 후 1902년 조선 정부는 "간도는 분명 우리 영토이며 토지를 장량(丈量)하여 세율을 정해 조세를 징수한다."는 목적으로 그해 5월 20일 이범윤을 간도에 파견하였다. 이범윤은 6월부터 다음 해 5월에 걸쳐 간도 조선인에 대한 호구 및 토지를 조사하여 호적 50책을 편성하였다. 그리고 이범윤은 중국 병사들의 조선인에 대한 부당한 조치를 방지하고, 간도에서 중국의 세력을 몰아내기 위해 군대를 간도에 출병, 주둔시킬 필요가 있다고 정부에 강력히 요청했다. 그러나 정부는 간도 조선인 보호의 필요성은 인정하면서도 중국과의 충돌을 우려하여 군대의 파견 및 주둔에는 신중한 자세를 보였다. 실제로는 이 당시 간도에 군대를 파견하여 주둔시킬 만큼 정부의 재정력이나 군사력이 없었기 때문일 것이다.

이범윤은 간도에 부임하여 첫째, 중국의 조세권을 부정하고 조선인에 대한 징세를 실시하며 둘째, 조선인을 각 사(社)의 회장으로 임명하고 중국이 임명한 향약사장을 일체 인정하지 않는 등 중국의 간도에 대한 행정권을 전면 부정하고 조선인 중심의 지배 체계를 확립하였다. 이러한 조치와 함께 그는 조선 정부의 출병 거부 직후 군대를 대신하여 현지 장정들을 중심으로 사포대(私砲隊)를 창설하여 중국에 대항했다. 사포대는 이범윤 개인의 사병적인 성격이 강하였다. 그러나 실제로는 조선의 간도 주둔군과 같은 역할을 했으며, 비용도 간도 주민의 세금으로 유지되었다고 한다. 사포대는 러일전쟁이 발발할 때까지 중국에 대항하여 간도에서 실질적 지배권을 확립하는 데 핵심적인 역할을 했다.

사포대의 규모 및 조직 등에 대해서는 자세히 알려져 있지 않으나, 약 500명 정도였다고 한다. 러시아가 간도를 점령하기 이전 간도에 주둔하고 있던 중국군이 약 4영(1영은 80명)에 지나지 않았던 것과 비교하면 상당한 규모였음을 알 수 있다. 또한 사포대는 모아산(帽兒山) 등에도 설치되어 그 활동 범위는 서간도 방면에까지 미쳤다고 한다. 사포대의 무력을 배경으로 한 이범윤의 활동은 중국의 간도에 대한 지배력을 더욱 약화시켜 간도에서의 중국과 조선의 세력 관계를 완전히 역전시키고 간도를 실질적으로 지배하게 되었다. 그 결과 간도의 정세는 오히려 조선인이 중국인을 압도하여, 중국인의 토지를 빼앗는 등의 사태가 빈번하게 발생했다.

이범윤의 활동에 대해 중국은 조선 정부에 그의 철수를 요구함과 동시에 감계위원을 파견하여 간도 영유권을 확정할 것을 제안하기도 했다. 그 후 1904년 2월 러일전쟁의 발발을 계기로 중국은 조선 정부에 대해 전쟁이 끝날 때까지 양국이 현상을 유지할 것을 제안하고, 그 일환으로 이범윤을 철수시켜 무력 행사를 중지할 것을 요구했다. 그 결과 우치다(內田康哉) 주 중국 일본 공사의 권고로, 1904년 6월 15일 함경북도 교계관겸 경무관 최남륭(崔南隆), 김병약(金炳若)과 중국 연길청 지부(知府) 진작언(陣作言), 길강군통령 호전갑

대한제국기 지도(1908년).

(胡殿甲)이 '중한변계선후장정'(中韓邊界善后章程)을 체결했다.

장정 제1조는 "양국의 경계는 백(두)산 비석의 기록으로 한다."고 되어 있다. 이는 1887년 감계에서 일단 합의한 중국의 두만강 국경설을 공식적으로 부인한 것으로써, 종래 조선 정부의 주장이 반영된 것으로 볼 수 있다. 그러나 이 장정은 국경이 확정될 때까지 양국은 간도에서 현 상태를 유지하기로 하고, 그 일환으로 '이범윤의 퇴거'를 규정하고 있다(제5조). 간도가 사실상 이범윤의 지배 하에 있는 상황에서 중국은 두만강 국경설을 양보하고 그 대신 이범윤을 철수시키려는 의도였다고 볼 수 있다. 이는 이범윤의 간도 지배가 중국에게는 그만큼 위협적이며 강력했다는 것을 알 수 있다. 이 장정을 근거로 중국은 이범윤의 퇴거를 더욱 강력하게 요구했다. 조선 정부는 중국과의 충돌을 피하기 위해 이범윤에게 소환 명령을 내렸으나, 그는 정부의 명령에 따르지 않고 간도에서 조선인 보호를 계속하였다.

간도 문제의 국제관계

러시아와 간도

1900년 의화단사건을 계기로 당시 건설 중이던 동청(東淸) 철도 보호를 명목으로 러시아는 만주를 점령했다. 1900년 7월 러시아는 간도를 점령하고, 러일전쟁이 끝날 때까지 국자가에 군정관을 주재시켰다. 러시아의 군정은 간도에서 중국 세력을 약화시키는 결과를 가져왔으며, 상대적으로 조선의 세력을 강화시켰다. 또 군정의 실시로 러시아는 조선과 중국 사이에 현안이 되고 있는 간도 영유권 문제에 개입하게 되었다.

러시아군의 간도 점령에 따라 "러시아인의 이주자가 증가하여 중요한 산업은 거의 러시아인이 독점하"게 되어 조선인과의 사이에 분쟁이 발생하기도 했다. 그래서 1902년 러시아의 특사 웨베르는 간도에서의 조선인과 러시아인의 충돌을 방지하기 위해 간도 및 그 부근을 조선과 러시아가 공동 통치하는 안을 조선 정부(이도재 외부대신)에 제안했다.

'북간도 문제협치조약'으로 알려진 이 조약안은 5조로 되어 있으며, 제1조는 "간도 및 그 부근 3리 이내 지역을 양국 국민이 구성하는 협치체(協治體)로 하는 행정구를 조직하는 데 있어 아무런 이의가 없음을 선언한다"고 되어 있다. 또 이 조약안은 선거에 의해서 선임된 "행정구의 장은…… 모든 통치권을 가지며, 지역 내의 보안을 위해 조선과 러시아 양국 정부의 허가를 얻어 상당한 경비병을 조직할 수 있다"고 되어 있다. 러시아의 제안은 간도를 조선과 러시아의 공동 지배하에 두고 특수 지구화하려는 의도에서 나온 것이지만, 러시아가 조약안에서 간도를 함경도의 일부로 명기하여 조선의 영토로 인정하고 있는 점은 매우 중요한 의미를 가진다. 그 후 조약안에 관한 조선과 러시아 사이의 교섭 과정은 분명하지 않으나, 결국 성립되지 못한 채 끝났다.

일설에 의하면 그 후 러시아는 간도를 조선의 영토로 인정하는 조건으로 마산포를 조차해 줄 것을 조선 정부에 제안했으나, 조선 정부는 간도 영유권 문제가 국제적인 문제로 비화할 수 있다는 이유로 러시아의 제안을 거부했다고 한다. 또 이 제안이 거부된 후 러시아는 간도를 조선·중국·러시아 3국의 대표로 구성되는 행정위원회가 공동 통치하는 '간도 공동 통치안'을 제안했다고도 한다.

이러한 제안과 거의 같은 시기에 러시아는 중국과 일본을 비롯하여 열강의 만주 반환 요구가 거세지고 있을 때, 1903년 5월 20일 베조브라조프의 주도로 남하 정책을 더욱 적극적으로 추진하기로 결정하고, 만주는 물론 조선으로의 남하를 모색하게 된다. 그 연장선 상에서 러시아는 청국과 체결한 만주 철병 조약을 폐기하고, "만주에 러시아 보호 하의 특별지구를 설치하고" 동시에 압록강 우안(右岸) 조선 국경 안에 러시아의 세력 범위를 설정할 것도 결정하였다. 요컨대 러시아로서는 남하 정책의 추진을 위해 만주 및 조선에 열강의 간섭을 받지 않는 '특별지구'를 만들어야 할 필요가 있었던 것이다.

열강으로부터 만주에서의 철수를 요구받고 있는 러시아에게 있어서 만주 및 조선 정책을 추진하는 데 있어서, 조선, 중국 및 러시아와 국경을 접하고 있는 간도의 지리적, 전략적 가치는 매우 크다. 또 간도가 조선과 중국 간에 영유권이 확정되지 않은 상태에 있으며, 러시아가 직접 점령을 하고 있는 상황을 고려하면, 러시아가 간도 문제에 대해 개입할 가능성은 충분했다. 그럴 경우 러시아로서는 간도의 영유권이 중국에 속하는 것보다는 조선에 속하는 것이 전략적으로 유리하다고 판단했을 것이다.

또 만일 간도가 중국의 영토가 되면, 러시아군이 만주에서 물러나야 할 경우에 자연히 간도에서도 철수해야 한다. 그러나 간도가 조선의 영토가 되었을 경우에는 러시아가 만주로부터 철수해야만 하는 경우에도 간도는 제외되는 것이다. 이상을 종합하면, 러시아로서는 만주 및 조선 정책을 추진하는 데 있어 전략적 거점으로서 '간도의 특수지구화'를 상정하고 있었다고 할 수 있다.

일본과 간도

조선 및 만주를 둘러싼 러시아와 일본의 대립은 1904년 2월 러일전쟁을 유발했다. 일본은 1904년 2월 23일 '한일의정서'를 강제 체결하여 조선과 동맹관계를 확립했다. 그리고 일본으로서는 주전상(主戰場)이 만주가 된 이상 전략상 중국이 중립을 지키도록 만들 필요가 있었다(1904년 2월16일 중국은 중립 선언). 동시에 일본은 원활한 전쟁 수행을 위해 조선과 중국의 관계가 악화되는 것을 막아야 하기 때문에 간도 영유권 문제에 대해 엄정 중립을 지킬 필요가 있었다. 따라서 일본은 양국에 간도 영유권 문제를 전쟁이 끝날 때까지 연기할 것을 권고하였고, 그 결과 위의 '중한변계선후장정'이 체결되었다. 일본이 간도 문제에 처음으로 개입한 것이었다.

덧붙여 일본이 조선과 중국에 위와 같은 권고를 한 또 하나의 이유는 이범윤이 간도를 거점으로 일본에 대해 저항을 하는 등 간도가 반일운동의 근거지가 되고 있었기 때문이다. 이범윤은 러일전쟁 중에 체결된 위의 선후장정(章程)에 따라 조선 정부가 철수를 명령했음에도 이에 따르지 않고 사포대 약

500명과 함께 간도에서 러시아군에 합류하여 대일작전을 전개하고 있었다. 이범윤이 러시아와 제휴를 한 배경에는 다음과 같은 의도가 있었을 것으로 추정된다.

첫째, 러일전쟁의 결과에 따라 간도의 영유권 문제가 커다란 영향을 받게 된다. 러시아의 간도 구상에서 볼 수 있듯이 러시아의 남하 정책 추진과 조선의 간도 영유(領有)는 밀접한 관계에 있기 때문이다. 둘째, 러일전쟁을 전후한 조선 정부의 외교 정책과도 일맥상통하는 것으로 일본의 침략을 저지하기 위해 러시아와의 제휴가 필요하다.

이처럼 이범윤이 러시아와 합동으로 대일투쟁을 전개하는 것은 일본의 대러시아 전쟁을 수행하는데 커다란 장애일 뿐만 아니라, 장기적으로는 일본의 조선 지배에 대한 위협이었다. 따라서 일본으로서는 이범윤의 세력을 배제할 필요가 있으며, 전쟁 수행을 위해 조선과 중국과의 관계를 조정할 필요가 있었다. 청국으로서도 세력을 확대하고 있는 이범윤의 지배력을 배제할 필요가 있었다. 이와 같은 점에서 일본과 중국은 이해관계가 일치했으며, 선후장정을 통해 간도에서 이범윤을 철수시키려 한 것이었다.

「한중변계선후장정」으로 간도 문제를 둘러싼 조선과 중국의 분쟁은 1907년 일본의 통감부 간도 임시파출소가 설치될 때까지 일시 중단되게 되었다. 그 후 간도 문제는 1905년 을사보호조약으로 일본이 조선 정부를 대신해 본격적으로 개입하게 되면서 일본과 중국 사이의 문제로 변질되어 갔다.

일본의 간도 진출

일본의 개입과 간도구상

일본이 간도 영유권 문제에 개입한 직접적인 계기는 1906
년 11월 19일 박제순(朴濟純) 총리대신이 일본 정부에 중국
측으로부터 탄압을 받고 있는 간도 조선인의 보호를 요청한데
서 출발한다. 박제순이 일본에 보호를 요청한 표면적 이유는
조선과 중국 사이에 소속이 불분명한 간도에 거주하는 조선인
의 보호는 을사보호조약의 결과 조선의 외교를 관장하고 있는
일본이 담당해야 한다는 것이었다. 박제순의 보호 요청은 일
본에게 간도 문제에 직접 개입할 수 있는 공식적인 구실을 제
공했다는 점에서 의미가 크다. 그러나 박제순의 이러한 제안

은 형식적으로 이루어진 것으로, 일본은 그 이전에 이미 상당한 정도로 간도 진출을 구상하고 있었다. 즉 일본은 조선 정부를 대신해서 간도의 조선인을 보호하고 영유권을 확보하기 위해서가 아니라, 일본 나름의 필요에 의해 간도 문제에 개입을 하게 되는 것이다.

일본이 간도에 진출하려는 이유는 크게 다음의 두 가지 때문이다. 하나는 러일전쟁 후 러시아의 복수전(제2의 러일전쟁이라 함)에 대비하기 위해서였다. 러일전쟁에서 일본은 러시아에 대해 결정적인 타격을 가하지 못했다. 따라서 일본으로서는 러시아가 반드시 일본에 대해 복수전을 해올 것으로 판단하고 있었다. 그렇기 때문에 비록 전쟁은 끝났으나, 러시아의 복수전에 대비하는 것은 당시 일본에 있어 국가적 사활이 걸린 가장 시급하고 긴급한 문제였다.

일본의 간도에 대한 구상이 구체적으로 표면화된 것은 1906년 2월 26일 천황의 재가를 얻어 확정된 「1906(메이지 39년)일본 제국 군대 작전계획」에서였다. 이 작전계획은 주(主) 작전지역을 북만주로, 종(從) 작전지역을 함경도에서 길림성 동북부 및 남부 연해주에 걸친 지역으로 설정하고, 북관(北關: 함경북도) 지방에서 오소리(烏蘇利) 지방으로 진격하여 적을 격파한다는 방침을 밝히고 있다. 이 경우 북관과 오소리 지방의 중간에 위치하고 있는 간도 지방의 확보는 전략상 절대적으로 필요한 지역이다. 이러한 관점에서 위 작전계획은 간도의 중요성 및 간도 영유권의 유리한 해결을 다음과 같이 밝히고 있다.

"간도 문제를 유리하게 해결하여 간도에서 일본의 자유행동이 가능하면 오소리 방면에서⋯⋯(중략)⋯⋯ 우리(일본)의 작전을 매우 유리하게 지도할 수 있다.⋯⋯(중략)⋯⋯간도 문제의 해결은 원래 외교적인 문제이나 우리는 제국(일본)의 장래를 위해 유리하게 그리고 가능하면 신속하게 이를 해결할 것을 희망해 마지않는다."

이 작전계획의 책정과 거의 병행하여 한국 주차군 참모부는 간도를 실지 조사하여, 1906년 3월 29일 육군성 및 외무성에 「간도에 관한 조사 개요」라는 보고서를 제출했다. 이 보고서는 "간도는 함북에서 길림에 이르는 도로의 요충에 해당되며 물자가 풍부하다"고 전제한 후, 대러시아 작전에 있어서 간도의 군사적 및 물자 공급 능력 등의 중요성을 다음과 같이 분석하고 있다. "우리에 앞서 적(러시아)이 먼저 (간도를) 점령을 하면 보급의 편리를 얻을 수 있고, 우리는 북함(北咸)이 무인의 지(地)가 되기 때문에 멀리 후방에서 물자를 구해야 한다. 우리가 간도의 고지(高地)를 점령하지 않는 이상, 회령의 평지는 적에게 내주지 않을 수 없다. 만약 우리가 공격을 취해 북함(北咸) 방면에서 길림 지방으로 진출하려고 하면, 우선 간도를 점령하지 않으면 쉽게 이 목적을 달성할 수 없다", "이 지역이 조선과 청국 어느 쪽의 영토에 속하느냐는 조선 국토의 방위상 등한시할 문제가 아니다"고 강조하고 있다. 대러시아 작전상 및 조선의 방어라는 측면에서 간도 확보의 중요성을 잘 보여주고 있다.

이상의 내용으로 살펴보면, 러시아의 복수전에 대비하기 위한 간도 영유권 문제의 유리한 해결은 일본의 국가적 사활에 직결되는 것이었다고 할 수 있다.

일본이 간도 진출 구상을 본격화하게 된 또 하나의 이유는 러일전쟁 후 조선에서 실시한 보호 정치와 관련되는 문제이다. 러일전쟁 후 간도는 이범윤을 중심으로 반일운동의 거점으로 변해갔다. 이범윤은 러일전쟁 동안에는 간도에서 러시아 군에 가담하여 대일본전을 전개했으며, 그 후 러시아 군의 철수와 함께 연해주로 근거지를 옮겼다. 그는 연해주를 거점으로 간도의 두만강 유역 국경 지방에 출몰하면서 일본에 대해 무장 저항운동을 전개하고 있었다. 또 간도에는 1906년 10월 용정촌에 서전서숙(瑞甸書塾)이 설립되어 민족교육이 실시되고 이를 기반으로 조직적인 반일운동이 전개되었다. 서전서숙은 독립운동을 위해 해외에 세워진 최초의 민족교육학교이며, 실제로 많은 수의 서전서숙 출신자가 그 후 간도에서 독립운동에 종사했다. 서전서숙이 간도에 세워진 것은 간도가 지리적으로 조선에 가깝고 조선인이 많이 살고 있어 민족적 기반이 형성되어 있었기 때문이다(1906년 10월 당시 서전서숙에서 교육을 받고 있던 학생은 약 80여명이었으며, 그 세력은 회령, 온성, 종성 등에까지 미쳤다고 한다)

이처럼 간도가 항일운동의 근거지로 변해가고 있는 한편으로, 일본의 조선 침략에 동조하고 있던 일진회(一進會)의 간도 진출도 시작되고 있었다. 일진회는 1905년 9월 윤갑병(尹甲炳, 1907년 12월 함경북도 관찰사에 임명됨)을 북간도 지부 회장에 임명하고 간도에서 본격적인 활동을 시작했다. 일진회는 지부 설립 후 "각지에 지회를 설립해 회원을 모집"하였으며, 일본의 간도 파출소가 설치된 1907년 8월 경 회원은 수천 명이나 되었다고 한다. 그들이 간도에 진출한 이유를 「통감부 임시 간도 파출소 기요」에는 "당세(黨勢) 확장과 간도 문제 해결을 응원하기 위해"라고 적고 있으나, 일본의 간도 진출을 응원하기 위한 것이었다.

이러한 상황에서 윤갑병은 회령에 출장중인 하세가와 조선 주차군 사령관에게 간도를 조선의 영도로 회복시켜 달라고 진정서를 전달했다. 일진회의 보호 요청에 대해 하야시(林權助) 주 조선 공사는 이토 히로부미(伊藤博文) 통감에게 "조선도 일본의 보호국이 되었으며……(중략)……(간도) 조선인의 보호는 일본의 위신에 관계되는 일"이라고 하면서 간도 조선인 보호의 필요성을 강조했다. 즉 일본이 조선에 보호정치를 시행하고 있는 이상, 간도 조선인의 보호는 일본의 조선 보호정치에 대한 신뢰와 직결되는 문제라는 것이었다. 이 문제가 보호 조약 체결 이후 조선 정부를 대신해 일본이 행하는 최초의 외교 문제라는 점에서도 상징적 의미를 가지고 있다. 또 보호 요청의 주체가 일본의 조선 정책을 적극적으로 지지하는 일진회였기 때문에, 일본으로서도 결코 그들의 요구를 무시할 수가 없었을 것이다. 이에 대해 조선 통치의 어려움을 겪고 있던 이토 통감도 간도 문제 해결을 통해 조선 지배 정책을 원활하게 수행하려는 의도로 간도 문제 개입에 적극적인 자세를 보였다. 이상의 과정을 거쳐 1907년 2월 8일 "제국 정부(일본)는 우선은 해당 지역에 대해 소속 문제를 제기하는 것을 피하고 종래 조선 정부가 실행한 예를 따라 단순히 조선인 보호를 위해 상당수의 관헌을 파견하고, 가능하면 두드러지지 않는 방법으로 점차 우리들의 기반을 확립한다."는 정부 방침을 확정했다.

일본은 간도 진출의 근거를 "외국에 있는 조선의 신민 및 이익을 보호한다."고 규정하고 있는 제2차 한일협약(을사보호조약) 제1조에서 찾고 있다. 이 조약이 대상으로 하고 있는 것은 '외국 거주 조선인'이기 때문에, 이를 근거로 한다는 것은 간도 조선인을 외국에 거주하는 조선인으로 간주한다는 것을 의미한다. 다시 말하면, 을사보호조약 제1조를 간도 진출의 근거로 했다는 것은, 일본이 간도를 조선의 영토가 아니고 외국, 즉 중국 영토로 인식하고 있었다는 것을 뜻한다. 통감부 임시간도 파출소가 설치되기 전, 6월 29일, 시마카와(島川毅三郎) 길림영사가 하야시 외상에게 "간도에 파출소를 설치할 것이 아니라 공적인 영사관 또는 영사관 분관을 설치해야 한다."고 요청한 것도 이러한 맥락에서이다. 간도에 조선의 지방 행정 조직을 설치하지 않고, 외교 업무를 담당하는 통감부 소속의 파출소를 설치한 것에서도 일본의 간도 인식을 엿볼 수 있다. 일본의 이러한 간도 인식은 그 후 일본의 간도 영유권 문제 처리의 기본 방향을 암시하는 것이었다고 할 수 있다. 결과론적으로 보면, 일본이 간도에 대한 조선 영유권을 강력하게 주장하지 못하고, 간도를 중국에 귀속시킨 간도협약 발상의 원형을 여기에서 찾을 수 있다.

통감부 임시 간도 파출소 설치

정부의 방침이 공식적으로 확정되기 전부터 이토와 조선 주차군은 사이토(齊藤季次郎) 중좌를 책임자로 임명하여 간도 파견 준비를 하고 있었다. 사이토는 조선 주차군 사령부 소속으로 러일전쟁 당시에는 여순의 군정관(軍政官)을 지냈으며, 육군내부에서는 중국통으로 알려져 있었다. 간도 파출소장으로 파견된 직후 대좌로 승진했으며, 간도협약 체결 때까지 간도에 근무하게 된다. 사이토는 국제법학자(법학박사, 변호사)인 시노다(條田治策)와 함께 1907년 2월 동경에 사무실을 열고 파견대 조직에 착수했다. 시노다는 러일전쟁시 국제법 고문으로 종군(從軍)한 경험이 있으며, 간도 파출소 개설부터 철수 때까지 총무과장으로 근무했다. 그는 당시의 경험과 조사 자료를 토대로 『백두산정계비(白頭山定界碑)』(樂浪書院, 1938年)를 저술했다. 이 책은 지금도 간도 문제를 연구하는 사람들에게 필독서로 읽히고 있다. 이 책에서 그는 시종일관 간도의 조선 영유의 정당성을 주장하고, 정치적으로나 역사적으로 봤을 때도 서간도를 중국의 영토로 했으면, 간도는 조선의 영토가 되어야 공평하다고 했다. 일본이 간도를 중국에 넘겨준 것은 "보호국(일본)의 이익을 위해 피보호국(조선)의 이익을 희생한 것"으로 "일본 외교의 실패"라고 결론을 맺고 있다.

그 후 7월 30일 제1차 러일협약(이 협약으로 간도를 포함한 남만주는 일본의 세력권에 들어가게 됨)이 체결되고, 이 협약이 공포된 3일 후인 8월 19일 파견대는 용정촌(龍井村)에 '통감부 간도 임시 파출소'를 정식으로 개설했다. 개설 당시의 파출소 편제는 헌병 46명, 조선 순검(巡檢) 10명, 그 외 8명 등 총 64명으로 구성되었다.

일본의 간도 진출은 국제적으로도 관심을 끄는 계기가 되었다. 일본의 간도 진출에 가장 민감하게 반응한 것은 러시아였다. 러시아는 일본의 간도 진출을 "사실상 러시아에 근접한 청국의 영토에 침입하여", "보호국인 조선의 범위를 넓혀……(중략)…… 간도 지방을 병략(倂略)하려는" 것이라고 비난하면서, "러시아는 결코 묵과하지 않을 것이다."고 경고했다. 이른바 달러 외교를 통해 적극적으로 만주 진출의 기회를 노리고 있던 미국도 일본의 간도 진출에 대해 비판적인 태도를 취했다. 러일전쟁 후 러시아를 대신해 만주에 영향력을 확대하려는 일본의 폐쇄적인 만주 정책에 대해 부정적인 자세를 보이고 있던 미국은, 일본의 간도 진출을 계기로 더욱 비판적이 되었다. 미국은 일본의 간도 진출을 중국의 영토 보전(ierritorial tntegrity)을 침해하는 군사적 침략이라고 비난하고, 간도의 영유권 문제는 국제중재재판(international arbitration)에 붙여야 한다는 자세를 보였다.

그러나 미국과 러시아의 이러한 비판적인 태도에도 불구하고 양국은 일본에 대해 직접적이고 구체적인 행동을 취하지는 않았다. 이는 일본의 간도 진출이 직접적으로 양국의 이익을 침해하지는 않았기 때문이다. 따라서 일본의 간도 파출소 설치도 직접 영향을 받지는 않았으나, 당시 일본의 폐쇄적인 대만주 정책에 비판적인 미국을 비롯한 열강들에게 의구심을 자아내게 하기에는 충분했다.

일본의 파출소 설치에 대해 중국 정부는 8월 24일, "청국과 조선의 국경은 두만강이며, 동 지방은 평온하며 조선인이 능학(凌虐)을 당한 사실이 없으므로, 사이토 중좌 이하 모두를 신속히 철수시켜야 한다"고 주장하면서 일본의 간도 진출을 비난했다. 중국이 일본의 간도 진출을 강하게 비난한 데에는 러일전쟁 후 일본이 만주에 대해 세력 확장을 꾀하고 있는데 대한 위기의식이 작용하고 있었다. 일본의 간도 진출과 거의 같은 시기인 1907년 4월, 중국 정부는 만주의 통치 기구를 전면적으로 개편하고 만주 지방의 개발과 방어에 본격 착수했다. 봉천, 길림, 흑룡강 등 3개성을 통괄하기 위해 총독을 두고, 총독에는 당시 중국 최고의 실력자인 원세개(북양 대신)의 계열인 서세창(徐世昌)을 임명했다.

간도 영유권을 둘러싼 중·일 간의 외교 교섭

일본의 간도 영유권

중국과 일본은 양국의 대립 상황을 배경으로 간도 영유권 문제에 대한 본격적인 외교 교섭을 하게 되었다. 파출소 설치에 대한 중국 정부의 비난에 대해 일본 정부는 (1) "두만강을 청국과 조선의 국경으로 한다는 데 조선 정부가 아직 승인하지 않은 바"이며 (2) 조선은 원래부터 이것(중국의 간도에 대한 행정 조치)을 승인하지 않고 오히려 (조선 정부는) 간도 관리사를 임명하여 조선인 보호를 위해 병사를 배치하고 그 외 행정상 필요한 조치를 취하고 있었다. (3) 현재 간도의 질서가 문란하기 때문에 거주 조선인— 외무성의 조사에 의하면 당시

약 10만 명의 조선인이 거주하고 있었음—의 보호를 위해 파출소를 설치했다는 등의 근거를 가지고 간도의 조선 영유권을 분명히 했다. 그리고 파출소는 사전 조사를 기초로 간도의 임시 경계선을 확정하여 파출소의 관할구역으로 설정하고, 조선인에게 중국에 대한 납세를 거부하고 파출소의 지시에 따를 것을 고시했다.

파출소가 확정한 간도 지역의 임시 경계선은 주로 왕청현, 화룡현, 연길현을 포함하는 지역으로 되어있으나, 이것은 종래 애매했던 간도 지역의 범위를 명확히 했다는 점에서 특기할 만하다. 그러나 파출소가 확정한 임시 경계선의 범위는 종래 조선 정부가 주장하고 있던 간도의 범위보다는 훨씬 축소된 것이다. 예를 들면, 조선 정부의 주장에 의하면 간도 지방은 연해주를 포함하는 송화강과 흑룡강 우안(右岸) 일대를 포함하는 것이었으나, 파출소가 확정한 임시 경계선의 범위에는 혼춘을 비롯해 영고탑(寧古塔), 돈화(敦化) 등의 지역이 제외되어 있었다.

이들 지역이 제외된 데에는 다음과 같은 이유가 있었다. 첫째, 이들 지역에는 아직 조선인의 진출이 많지 않았기 때문에 조선인의 보호를 명목으로 하고 있는 파출소가 이들 지역을 관할 범위에 포함시키는 것은 곤란했다. 둘째, 혼춘과 영고탑 지역은 1905년 12월에 체결된 '만주에 관한 청·일 간 조약'의 부속 협정에 이미 개방지로 지정되어 있었기 때문에 일본이 이 지역들을 강제로 관할구역으로 편입시키는 것은 국제분쟁을 불러일으킬 소지가 있었다. 특히 러시아와 국경을 접하는 혼춘현에 일본 헌병이 진출한다는 것은 러시아를 자극할 위험이 있었다. 요컨대 일본이 확정한 임시 경계선은 백두산정계비에 근거한 조선 정부의 주장을 실현한 것이 아니라, 일본의 편의주의에 의한 것이었다. 일본이 이때 확정한 지역은 그 후 간도협약상의 간도의 범위로 구체화되었으며, 현재도 이 지역을 일반적으로 간도라 한다. 일본이 백두산정계비에 의하지 않고 자의적으로 간도의 범위를 확정한 것은, 지금까지의 간도의 조선 영유설을 스스로 약화시킨 측면이 있다고 할 수 있다.

경계선 확정을 기초로 하여 파출소는 국자가, 두도구, 동불사, 신흥평, 우적동, 복사평 등 8곳에 파출소 분견소를 설치하고, 9월 중순에는 간도 지방을 4도(都) 41사(社) 390촌(村)으로 구획하고, 일진회원을 중심으로 도사장, 사장, 촌장을 임명하고, 호구조사를 비롯해 세금 징수, 재판 사무 등의 구체적인 조치를 취했다.

일본의 이러한 조치에 대항해 중국은 9월 23일 간도 지방의 문무행정을 담당하기 위해 새로이 길림변무독변(吉林邊務督弁)을 신설, 진소상(陳昭常)을 임명했다. 그리고 국자가에는 변무공서(邊務公署)를 설치하고, 두도구, 동불사, 태랍구, 동용가(東湧街) 등 일본 분견소 설치 지점을 중심으로 파변처(派邊處)를 두고 새로이 250명의 병사를 파견해 일본의 파출소 및 분견소에 직접 대항하는 자세를 취했다. 그 결과 혼춘에서 국자가를 거쳐 합이파령(哈爾巴嶺)을 연결하는 선 이남의 간도 지방에 주둔하는 중국군은 호전갑(胡展甲)이 이끄는 길강군(吉强軍, 국자가 주둔) 180초(哨, 보병 14초, 기병 4초, 1초는 약 100명)과 합쳐 약 2,000명의 병력이 주둔하게 되었다(1908년 12월에는 약 4,300명으로 증원).

이상과 같은 양국의 조치는 군사력을 배경으로 간도에 대한 실질적인 지배권을 확립하려는 것이었다. 따라서 조선인에 대한 통치권은 중국과 일본으로 완전히 이분화되는 상황을 초래했다. 그 결과 간도 조선인의 행동은 양국의 힘의 관계에 의해서 크게 좌우되게 되었으며, 간도에서의 일진회의 행동은 당시의 상황을 잘 보여주고 있다.

일본이 간도 진출을 결정한 2월 8일의 각의 결정 직후인 3월 일진회는 조직을 전면적으로 개편하고 종래의 지부를 지회로 승격시켜 본부가 직접 관할하기로 결정했다. 더구나 간도 파출소의 구성원 가운데 최기남(內部 書記官)을 비롯해 10명의 조선인 경찰관 전원이 일진회로 구성되었다. 이와 병행하여 일본의 대륙론자 구니토모(國友重明), 나카이(中井錦城)와 친일파인 송병준, 이용구 등은 일진회원 10만 명을 간도에 이주시켜 "실제로 간도를 점령"할 계획을 세웠다고 한다. 이 계획을 실행하기 위해 당시 고종 임금은 일진회의 해산을 조건으로 60만 엔(円)을 하사하기로 했으나, 이용구가 일진회의 해산을 반대했기 때문에 무산되고 말았다. 이것은 당시 조선정부와 일진회의 간도 인식을 극명하게 보여주는 것으로 주목할 만하다. 일진회의 적극적인 자세는 일본의 간도 정책에 그들의 영향력을 유지하기 위한 것이었다. 이토를 비롯해 일본 정부가 간도 영유권 문제에 있어서 중국 정부에 대해 유연한 자세를 취하고 있었음에도 불구하고, 파출소를 중심으로 간도 현지에서 강경한 방침을 계속 유지할 수 있었던 것은, 파출소의 구성원 가운데 다수의 일진회 회원이 포함되어 있었기 때문이었다.

일진회는 파출소가 설치되자, 이를 배경으로 "조선이 오랫동안 해결하지 못한 간도 문제를 우리 (일본) 파출소의 설치로 곧 해결될 것으로 믿어 청국에 납세의무가 없다고 주장하고, 간도 전체에 있는 토지 소유권도 청국인의 손에서 뺏어 조선인에게 돌려주고, 미개간지에 나무 표식을 세워 점유하려" 하는 등 간도에서 중국 세력을 배제하려고 노력했다. 일진회의 '과격한 행동'은 일본과 중국의 관계를 더욱 악화시켰으며, 조선인과 중국인 사이의 대립을 심각하게 했다. 이 때문에 중국인 가운데는 재산을 처분하고 간도를 떠나는 사람도 있었다고 한다.

중국은 9월 18일, "간도의 소속 문제는 의심의 여지가 없으며, 간도는 원래부터 청국의 영토"이고, "두만강 상의 경계를 측정하기 위한 양국의 경계측정위원을 파견"할 것을 제안했다. 즉 중국은 조선과 중국의 국경은 두만강이며, 단지 미확정으로 남아있는 두만강 상류의 수원(水源)이 홍토수(紅土水)냐, 석을수(石乙水)냐를 측정하면 된다는 주장이다. 중국의 이러한 주장은 기본적으로 1887년의 정해감계 담판의 결과를 근거로 한 것이었으나, 이는 1905년의 「회의 중 한중변계선후장정」

제1조를 완전히 무시한 것이었다. 양국의 주장은 근본적으로 차이를 보이고 있으며 타협의 여지가 거의 없었다.

그 후에도 양국은 위의 주장만을 거듭할 뿐, 외교 교섭은 교착 상태에 빠졌다. 양국의 주장에서 특징적인 것은 일본은 조선의 주장을 근거로 정계비의 기록을 기본적인 자료로 삼고 있었으나, 중국은 간도에 대한 영유권 분쟁 그 자체를 부정하고 있다는 점이다. 그리고 중국은 설사 정계비의 존재를 인정한다고 해도 정계비에 적힌 토문강(土門江)은 도문강(圖們江, 두만강의 다른 이름)의 전음(傳音, 同音異語)으로 토문강과 두만강은 원래 같은 강이라는 주장을 되풀이했다.

외교적으로 교착 상태에 빠진 간도 문제를 유리하게 해결하기 위해 하야시 주청국 대사는 일본 정부에 무력 사용을 요청하는 등 강경 자세를 보였다. 하야시(林權助) 주청국 대사의 요청을 받은 하야시 외상은 12월 2일, "필설로 싸우는 것이 충분한 효과가 없다고 생각되어 다소의 위력을 보여줄 필요가 있다"는 인식을 표하면서, 이토 통감에게 병력 동원을 요청했다. 그러나 이토는 "간도에서 우리의 위력을 보여주는 방법은 용이하지 않다"는 소극적 자세를 보이면서, 현재 조선에 주둔하고 있는 대부분의 일본군은 조선국 내의 의병 진압에 투입되고 있기 때문에 간도에 파견할 여력이 없다는 이유를 들어 하야시 외상의 요청을 거절했다. 동시에 이토는 사이토 파출소 소장에게 중국이 반대하고 있는 조선인에 대한 징세를 중지하고, 현지에서 중국과의 충돌을 극력 피하도록 명하는 등 매우 소극적인 태도로 임했다.

이토의 의향에 따라 하야시 외상은 12월 4일, "본 건은 어디까지나 외교 수단으로 해결할 수밖에 없다"는 방침을 하야시(林權助) 주청국 대사에게 전달했다. 정부의 소극적인 태도에도 불구하고 하야시(林權助) 주청국 대사는 현지 파출소의 보고를 근거로 12월 5일, "이번에 부득이 다소의 위력을 보여주어 우리 경영의 확장에 도움이 되도록 하는 것이 필요하다"는 이유를 들어, 간도에 긴급히 헌병을 파견해 줄 것을 다시 요청했다. 하야시(林權助) 주청국 대사의 요청을 받은 하야시 외상은 "대대적이지는 않지만 우리의 목적을 달성할 정도"의 한정적 무력 사용은 불가피하다는 의견을 이토에게 역설했다. 간도 문제의 해결은 외교 교섭을 원칙으로 하지만 교섭을 효과적으로 진행시키기 위해서는 최소한의 군사 행동이 필요하다는 것이 하야시 외상의 생각이었다. 이에 대해 이토는 "서로 대립한다면 장래 정책에 있어서 이롭지 못하다"는 견해를 피력하고, 사이토 파출소 소장에게 "임무를 조선인 보호에 한정하고, 어떠한 일이라도 현상유지에 그치고, 충돌을 자초하는 일은 일체 피하"도록 명령했다. 이토의 의견을 요약하면, 양국 간에 분쟁을 일으키기보다는 간도를 포기하는 것이 낫다는 판단이었다. 이토의 이러한 판단에는 만주 문제 나아가서는 조선 문제에 대한 다음과 같은 국제 정세가 작용하고 있었다.

첫째, 만주를 둘러싼 국제 정세이다. 러일전쟁 후 열강은 일본에게 만주 개방을 요구하면서 만주 진출의 기회를 모색하고 있었다. 그러한 상황에서 일본이 만주의 일부인 간도를 점령하여 중국과 분쟁을 일으킬 경우, 만주로부터 일본 세력의 배제를 기도하고 있던 열강과 중국이 서로 접근할 가능성이 있었다. 일본의 간도 정책에 대해 중국이 예상외로 강하게 저항을 계속하고 있었던 것도 이러한 국제 정세를 배경으로 한 것이었다. 실제로 1907년 8월, 일본의 간도 파출소 설치를 전후하여 미국의 봉천 총영사 스트레이트(Straight Willard, 그는 1905년 조선 주재 영사로서 일본의 조선 침략을 직접 목격한 이후 반일적인 언행을 계속해 왔다)와 봉천순무(奉天巡撫) 당소의(唐紹儀) 사이에는 2천만 달러의 차관 계획이 진행되고 있었다. 또 독일도 만주에서의 일본 세력을 견제하기 위해 독일, 미국, 청국의 삼국 동맹을 구상하고 있었다.

둘째, 간도 문제와 조선 국내의 정치 상황과의 관련으로서, 이것이 가장 기본적인 이유라고 생각된다. 일본이 간도에 진출한 가장 중요한 이유의 하나는 간도 문제의 원만한 해결을 통해 조선의 보호정치를 안정시키려는 것이었다. 그러나 1907년에 들어와 일본의 조선 정책은 커다란 위기를 맞았다. 6월의 헤이그 밀사사건, 7월의 고종의 강제 양위, 8월의 군대 해산 등으로 촉발된 반일 운동은 전국적으로 확대되고 있었다. 특히 강제로 해산을 당한 군대와 의병의 합류를 계기로 1906년 민종식, 최익현 이후 잠시 침체되어 있던 반일운동은 새로운 단계로 발전해 갔다(이른바 제3차 의병운동). 1907년 7월부터 12월까지의 의병과 일본군의 무력 충돌만도 323회나 되었다. 이러한 반일운동을 배경으로 고종은 일본의 침략정책에 대항하기 위해 국제적 개입을 도모하고 있었다. 이러한 조선 국내의 사정은 첫 번째의 문제와 관련하여 일본의 조선 정책 및 간도 정책에 국제적 간섭의 가능성을 높이는 것이었다.

이러한 상황에서 당시 일본의 지도부 특히 조선 정책을 직접 관할하고 있던 이토의 최대 관심사는 조선 국내의 의병 진압이었다. 이토가 하야시 외상의 간도 출병 요청을 거부한 것도 당시 조선의 국내 정세를 반영한 것이었다. 이와 병행하여 육군이 조선 주차군의 교대 파견제를 폐지하고, 경성과 나남에 2개 사단을 신설할 필요가 있다고 한 것도 당시 조선 국내의 반일 운동을 탄압하기 위해서였다. 요약하면, 이 단계에서 일본이 직면한 문제는 간도 영유권 문제보다는 조선 국내의 안정적 지배였으며, 간도 문제로 중국과 대립하여 국제적 개입을 불러일으키는 것은 조선 지배마저도 위기를 초래할 가능성이 있었다. 따라서 간도 정책의 후퇴는 일본으로서는 당연한 귀결이었다.

그러나 일본이 조선의 보호정치를 실시하고 있는 이상, "조선의 보호자로서 영토를 감축시켜서는 안되는 의무"도 있었다. 또 제1차 러일협약으로 러시아와의 관계가 다소 개선되기는 했으나, 러시아에 대한 간도의 군사적 가치가 완전히 사라진 것도 아니었다. 당시 법학박사인 아루가(有賀長雄)가 간도 처분 일안(一案)이라는 논문에서 간도를 "조선과 청국의 공동 영지(領地)로 하는 조약을 체결"해야 한다고 제안한 것은, 일본이 처한 상황에서 간도에 대한 최소한의 영향력이라도 확보하려는 하나의 방책이었다.

일본의 외교적 위기와 간도 영유권 포기

간도 문제에 대한 일본의 방침 전환은 다음 해 1908년 4월 7일, 「간도 문제 해결안」이라는 제목으로 하야시 외상으로부터 하야시 중국 공사에게 전달되었다. 훈령에는 간도 문제 해결의 전제로 다음 3가지의 기본 조건과 2가지의 부수 조건을 들고 있다.

"1. 일본인과 조선인의 간도 잡거(雜居)를 허용할 것. 2. 국자가에 제국(일본) 영사관을 설치하고, 그 외 주요 지점에 영사관 분관 또는 출장소를 설치할 것. 3. 조선인의 재판은 제국(일본) 영사관이 행할 것 등의 3조건을 승낙하도록 하고 동시에 가능하면 길장(吉長)철도를 회령까지 연장할 것." 요컨대 이 방침은 일본이 (1) 간도 영유권을 포기하고, (2) 그 대신에 조선인의 거주와 영사재판권, 길장선의 연장 등 다른 권익을 확보하려는 것이었다. 이것은 간도 영유권은 2차적이며, 조선인의 보호를 중시했던, 지난 해 2월 8일의 각의 결정과 내용상 거의 같은 것이었다. 한편 중국의 최대 관심은 조선인의 철수가 아니라 간도에 대한 영유권 확보에 있다는 점을 고려한다면, 조선인의 거주는 실질적으로 크게 문제될 게 없었다. 단지 문제가 되는 것은 조선인에 대한 영사재판권이다.

「간도 문제 해결안」에서 특징적인 것은, 간도 문제와는 직접 관련이 없는 길장철도의 회령 연장(吉會線)이 부수 조건으로 추가된 것이다. 이는 일본이 간도 영유권 문제의 해결을 통해 다른 권익을 확보—길장선 연장—하려는 의도를 엿보게 하는 것이다. 일본의 이러한 의도는 간도 영유권 문제를 당시 중국과 일본 사이에 현안으로 되어있던 이른바 '만주 5안건' 과 연계시키는 계기가 되었다. 오랫동안 조선과 중국 사이에 전개되었던 간도 영유권 문제는 사실상 여기에서 일단락되었으며, 간도에 관한 중·일 간의 외교 교섭은 만주 권익과 연계되면서 새로운 단계를 맞게 되었다.

이러한 방침은 1908년 9월 25일 「만주에 관한 대청국 제문제 해결 방침 결정의 건」이라는 정부(각의) 결정으로 연결되었다. 이 결정에서 "차제에 그 가운데 가장 중요한 것, 즉 간도 문제, 법고문(法庫門) 철도, 대석교-영구철도(大石橋營口鐵道)의 철거, 신봉철도(新奉鐵道)의 연장, 무순(撫順)과 연대탄광(煙台炭坑) 및 안봉선(安奉線) 그 외 철도연선 광산의 6개 안건을 일괄" 처리한다는 기본 방침이 확정되었다. 그리고 간도 영유권에 대해서는 "본건에 관한 조선의 주장은 그 근거가 대단히 박약하며 ……강희 정계(定界) 이후 …조선과 청국의 교섭 역사와 청국이 조선에 앞서 해당 지역에 행정을 실시한 사실에 비추어 두만강이 양국의 국경을 이루고 있다는 점은 의심의 여지가 없다. 지금 문제가 되는 것은 두만강 원류(홍토수, 석을수)중 어느 것을 경계로 할 것인가이다."는 견해를 밝혔다.

중국의 주장을 전면적으로 받아들이고 간도 영유권 포기를 확인한 것이다. 이 방침은 앞에서 언급한 4월 7일 「간도 문제 해결안」의 기본 방침을 계승한 것이지만, 간도 영유권을 다른 만주 5안건과 일괄 처리한다는 방침을 밝히고 있는 점을 주목할 필요가 있다. 여기에서 중·일 간의 간도 영유권 교섭은 러일전쟁 이후 전개된 대중국정책(=대만주정책)과 구체적으로 연계되어 다루어지게 되었다.

일본의 방침 전환을 배경으로 1909년 2월 3일까지 만주 6안건에 대한 교섭이 4차례 이루어졌다. 중국은 1월 11일의 제2차 회담에서 다른 조건에 우선하여 간도 문제를 협의하고 싶다는 견해를 표명하고, 16일에는 도태균(陶太均) 교섭위원이 비공식으로 이쥬인(伊集院) 주중국 대사에게 "간도의 소속에 대해 일본이 양보하면 다른 안건의 해결은 어렵지 않다."는 중국 정부의 방침을 전했다. 일본으로서도 "중국의 분위기를 이용하여 간도 문제를 다른 안건을 유리하게 해결하는 수단"으로 이용할 의도를 명확히 했다. 따라서 만주 현안에 관한 교섭은 "현안 중의 가장 큰 난관인" 간도 영유권 문제를 축으로 진행되게 되었다.

일본 측은 2월 6일 5가지 안건의 요구 조항과 함께 간도 문제에 대해 (1) 조선인과 일본인의 간도 잡거, (2) 영사관 설치와 일본 관리에 의한 조선인과 일본인의 보호, (3) 조선인과 일본인의 기득권 승인, (4) 간도 지방의 무역의 자유, (5) 길장선의 회령까지 연장 등의 5개 항목을 제시했다. 17일의 6차

회의에서는 "청국이 간도 문제에 관한 5개 조건에 동의하고, 동시에 다른 안건에 관한 일본의 제의를 승인하면 간도 소속론은 우리가 양보한다."는 방침을 중국에 정식으로 전달했다. 중국은 일본의 제안을 "단순히 청국의 영토권을 인정하는 것일 뿐이며 잡거 조선인에 대한 청국의 법권을 인정하지 않을 때는 유명무실"하다고 평가하고, 일본이 요구하고 있던 조선인의 영사재판권=치외법권의 승인을 거부했다. 중국으로서는 간도 인구의 대부분을 차지하고 있는 조선인에게 치외법권을 인정하는 것은, 간도에서의 중국의 주권을 제한하는 것과 같은 의미였다. 거꾸로 일본에게 있어 조선인에 대한 치외법권의 확보는 간도 조선인에 대한 직접 관할권을 통해 실질적으로 간도를 지배하는 것과 같은 효과를 가지는 것이다. 그런 의미에서 조선인에 대한 법권 문제는, 사실상 간도 지배의 향배를 결정하는 것으로, 또 다른 형태의 간도 영유권 문제라고 할 수 있다. 마지막까지 중국이 이 부분을 포기하지 않은 이유도 바로 여기에 있다 하겠다. 일본의 간도에 대한 영토권 포기로 진전을 보일 것 같았던 양국의 교섭은 조선인의 재판권 문제를 둘러싸고 다시 교착 상태에 빠졌다.

중국 정부는 3월 22일, 간도 문제를 비롯해 모든 문제를 헤이그 중재재판에 회부할 것을 일본 정부에 통고했다. 중국 정부의 이러한 통고는 사실상 일본과의 교섭 중단을 의미하며, 나아가서는 간도 문제 및 만주 현안에 대한 제3국의 개입을 암시하는 것이었다. 중국 정부가 이러한 제안을 하게 된 배경에는 앞에서 지적한 바와 같이, 만주 진출의 기회를 모색하고 있던 열강들을 이용하여 일본에 대한 교섭력을 높이려는 전략적 의도가 있었다. 이러한 중국의 제안은 미국 및 독일 등 열강이 만주 문제에 개입할 가능성이 현실 문제로 표면화했다는 것을 의미했다. 앞에서 지적한 바와 같이, 특히 미국이 간도의 영토권 문제는 국제중재재판에 붙여야 한다고 비난을 하고 있는 상황에서 나온 중국의 이러한 제안은, 일본에게 청일전쟁 후 요동반도의 할양을 둘러싼 삼국 간섭을 연상시키는 외교적 위기였다고 할 수 있다.

친일 언론인으로 알려진 런던 타임즈의 외교부 주임 치롤 (Chirol Valentine)은 6월 24일 북경에서 이쥬인과의 회담에서 "일본 정부는 가급적 빨리 현안을 해결해야 할 필요가 있다. 만약 오래 끌어 해결이 되지 않을 때는 제3국이 개입하게 되고 미국 또는 독일이 간섭을 시도할 것이다. 그렇게 되면 일본으로서는 더욱 불리하게 된다"고 충고했다.

이와 관련하여 원로 야마가타는 1909년 4월의 「제2 대청 (국) 정책」에서 "이러한 형세가 조성되면 한반도에 미치는 영향은 중대하다. ……(중략)……지금 조선을 보호국으로 해놓았을 뿐으로 아직 완전한 부용(附庸, 큰 나라에 딸린 작은 나라)이 된 것이 아닌 상태에서 또다시 이를 포기하지 않을 수 없다"는 위기 인식을 표했다. 간도 문제로 열강의 국제적 간섭의 가능성이 발생한 상황에서의 야마가타의 이러한 의견은 간도 문제의 원활한 해결을 통한 조선의 완전한 확보(한일합방)

를 강조한 것이었다. 즉 열강의 개입 가능성을 앞두고 일본으로서는 간도보다는 조선의 확보가 더 시급한 문제로 등장했으며, 이를 위해서는 간도 영유권뿐만 아니라, 간도에 대한 권익까지도 희생할 수밖에 없게 된 것이다. 이러한 모든 문제, 즉 조선 문제, 만주의 권익 문제, 국제적 간섭의 위기 등이 간도 조선인에 대한 재판권 문제에서 비롯되었고, 중국이 이를 양보하지 않는 한, 일본으로서는 간도 영유권 및 간도 조선인에 대한 재판권을 포기하는 것 이외에는 다른 선택의 여지가 없었다. 이 시점에서 일본은 한일합방의 정지 작업의 일환으로서 간도를 포기하지 않을 수 없었다고 할 수 있다.

8월 13일 일본 정부는 "소수 조선인의 재판권을 중시하여 이것 때문에 각종 현안 해결에 장애를 가져오는 것은 결코 바람직하지 않다."는 판단으로, 간도 문제에 관한 중국의 요구를 전면적으로 수용했다. 이로써 최대의 현안이었던 간도 문제에 대해 양국은 완전히 합의에 도달하게 되었다. 그 결과 중국과 일본의 교섭은 급진전을 보이게 되었고, 1909년 9월 4일 간도와 만주 5안건에 관한 협약이 일괄 체결되었다. 이로서 러일전쟁 후 중국과 일본 사이의 모든 현안이 해결되었으며, 간도 영유권도 중국으로 넘어가게 되었다.

간도 영유권 포기와 한일합방

일반적으로 간도협약은 일본의 만주에 대한 권익 확보와

중국의 간도 영토권을 교환 조건으로 성립되었다는 이른바 '교환설'이 정설처럼 되어 있다. 이것은 부정할 수 없는 사실이다. 간도협약과 만주의 5안건에 관한 '만주협약'이 동시에 체결된 것만으로도 이는 명확해진다. 이러한 관점에서 "이 교섭은 처음부터 다른 목적의 수단이었다."는 비판적 관점이 성립한다. 이러한 관점에서 본다면, 일본은 만주의 권익 확보를 위해 그들이 당초 의도했던 간도 진출 구상을 간도협약 체결과 동시에 포기한 것이 된다. 실제 일본은 러시아에 대한 군사적 고려 및 안정적인 조선 통치의 확립이라는 측면에서 실시한 간도 진출 구상을 포기한 것일까. 즉 러시아로부터의 군사적 위협이 없어졌으며, 조선 통치에 대한 불안이 해소되어 일본의 간도 진출의 필요성이 소멸한 것일까. 이러한 점을 중심으로 간도협약을 새로운 시각에서 재검토하기로 한다.

우선, 간도협약과 길장선 연장, 즉 길회선과의 관계이다. 일본이 만주 특히 북만주에서 군사작전을 전개하기 위해서는 길장선의 연장은 절대적으로 필요하다. 야마가타가 "이 철도(길회선)의 부설은 간도 문제에 대한 영토권을 확보하는 것보다 더 중요하다."고 지적한 것도 이 같은 이유에서이다. 이처럼 군사적으로 매우 중요한 길회선을 간도협약(제6조)에서 보장받음으로써, 어느 정도의 범위에서 일본은 간도에 대한 군사적 가치를 달성했다고 할 수 있다. 조선과 간도를 잇는 길회선의 부설 없이는 사실상 간도의 군사적 가치는 크지 않으며, 이 철도가 있음으로서 간도의 군사적 가치가 발휘된다. 일본으로서는 길회선의 확보를 통해 북만주에 대한 전략적 가치를 확보할 수 있다면, 굳이 간도 영유권에 구애될 필요가 없다. 간도협약 체결 직후인 9월 21일 러시아 외상 포크로프스키(Aleksandr F. Pokrovski)는 혼노(本野一郎) 주러시아 대사에게 간도협약에 의한 일본의 만주철도 정책에 대해 우려를 표명하면서 "내가 철도라고 하는 것은 안봉선이 아니라 길림에서 연장하여 조선 국경에 이르는 노선을 말한다."고 한 것은 간도협약에 규정된 길장선 연장에 대한 러시아의 군사적 위협을 강조한 것이다.

다음으로 일본의 간도 진출의 가장 중요한 목적의 하나는 간도 문제의 해결로 조선 지배의 안정을 꾀하는 것이었다. 이 문제야말로 당시 일본이 직면한 가장 큰 과제였으며, 일본이 간도에 진출한 가장 근본적인 이유였다. 이에 대해서는 좀 더 구체적으로 조선 국내 문제와 간도 문제의 관련을 고찰해 보기로 하자. 이를 통해 일본의 간도 영유권 문제에 대한 의도와 한일합방의 관련성을 더욱 명확히 할 수 있을 것이다.

일본이 조선에 대해 1905년의 보호국화에 머무르지 않고, 1910년 한일합방을 단행하지 않으면 안됐던 이유는 크게 다음의 두 가지이다. 첫째, 당시 일본과 조선을 둘러싼 국제 정세이다. 일본은 러일전쟁 이후 국제적으로 조선에 대한 우월적 지위는 보장 받았지만, 조선 병합에 관한 완전한 보장을 인정받은 것은 아니었다. 따라서 조선에 대한 국제적 개입의 가능성은 항상 남아 있었다. 야마가타와 이토 등 국가 원로들이 만주 및 조선 정책이 교착 상태를 보이거나 불안정할 때, 조선 문제에 대한 국제적 간섭을 우려하거나 위기의식을 보이고 있었던 것은 이러한 사정을 반영한 것이다. 일본은 조선을 국제적 간섭을 유발할 수 있는 보호국의 상태로 두는 것으로는 항상 불안했다. 이러한 불안을 해소하고 조선에 대한 완전한 지배를 확보하기 위해서는 병합 이외에는 달리 방법이 없었다. 이러한 관점에서 본다면, 조선에 대한 열강의 개입 가능성이 커질수록 일본의 조선 병합의 필요성도 동시에 커지게 된다.

둘째, 한일합방을 촉진시킨 또 하나의 이유는 조선 국내에서의 반일운동의 고양이다. 특히 1907년 이후, 일본에 의한 군대해산과 고종의 양위는 반일운동을 격화시키고, 일본의 보호정치는 위기에 직면하게 되었다. 조선 주차군 사령부의 조사에 의하면, 의병이 일본군이나 경찰과 무력 충돌을 일으킨 횟수는 1907년(7월부터 12월까지) 323회, 1908년 1451회, 1909년 898회였다. 반일운동의 격화는 위의 첫째 요인과 중복되어, 조선 문제에 대한 국제적 간섭의 가능성을 한층 더 높여주게 된다.

고무라 외상은 이상과 같은 상황을 1909년 3월 30일, 가쓰라 수상에게 제출한 「한국 병합 방침안」에서 "일본 세력은 아직 충실하지 못하고, 또한 조선 관민의 일본에 대한 관계도 아직 만족할 만한 것이 아니다."고 평가한 후, "제국(일본)은 앞으로 계속 조선에서 실력을 증진하고, 그 근저를 깊이 하여 내외에 흔들림 없는 세력을 수립해야" 할 필요가 있다고 강조했다. 즉 조선에 확고한 지위를 쌓아 내외로부터 간섭과 저항을 받지 않도록 해야 한다는 것이다. 이는 보호 정치에서 더 나아간 합방(병합)을 의미하는 것이었다. 고무라의 병합 방침에 기초하여 4월 10일 동경에서 가쓰라 수상, 이토 통감, 고무라 외상은 회담을 가졌다. 이 회담에서는 병합에 소극적이라고 알려져 있던 이토까지도 "병합은 불가피하다"는 데에 동의했다. 이토의 동의는 일본의 조선 병합의 필요성이 그만큼 절박했다는 것을 의미한다. 이로써 일본의 조선 병합은 기정사실이 되었으며, 합방을 위한 정책이 본격적으로 추진되었다.

이러한 합방 정책의 추진이 일본의 간도 정책과 거의 병행하여 동시에 진행되었다는 점에 주목할 필요가 있다. 우선 지적하고 싶은 것은, 앞에서 언급한 「한국 병합 방침안」이 제출되어 논의되기 시작한 시점이 일본의 간도 교섭의 방침 전환과 시기적으로 일치하고 있다는 점이다. 3월 23일 중국은 일본에게 간도 문제를 중재재판에 회부하겠다고 통보했다. 이러한 중국 측의 태도 변화는 일본으로 하여금 만주 현안뿐만 아니라 그 연장선 상에서 조선 문제에 대한 열강의 개입 가능성이 현실적 문제로 등장하여 외교적 위기감을 조성했다는 점은 앞에서 지적했다. 이러한 위기감 때문에 야마가타는 가쓰라 수상과 고무라 외상에게 "보호국만으로는 ……(중략)…… 또다시 조선을 포기하지 않으면 안될" 사태를 불러올 위험이 있다고 경고하면서 그 타개책을 촉구했다. 즉 중일교섭의 최대 현안이 되어 있는 간도를 포기하고, 조선 문제에 대해서도 확고한 조치를 취할 필요가 있다는 것을 강조한 것이다. 다시 말하면, 열강이 개입할 가능성이 있는 국제적 상황 속에서 일본으로서는 간도 문제와는 별도로 우선 조선을 확보(병합)해야만 했다. 그러기 위해서는 간도의 영유권과 연계되어 진행되고 있는 간도 조선인에 대한 재판권마저도 포기하고 간도 문제를 해결해야 할 필요가 있었다. 또 조선 국내적인 관점에서 본다면, 합방의 기정사실화는 조선의 안정적 지배를 위한 간도 진출의 목적도 달성하게 되는 것이다. 이러한 구도 하에서 일본은 「한국 병합 방침안」을 결정하는 한편, 간도 영유권 문제 해결을 적극적으로 추진하게 된다.

이상의 과정을 거쳐 간도 문제와 합방 문제는 7월 6일의 한일합방에 관한 각의 결정과 8월 13일의 간도 문제에 관한 각의 결정으로 구체화되었다. 7월 6일의 각의 결정에서 일본 정부는 "적당한 시기에 한국의 병합을 단행"할 방침을 최종적으로 확인하고 같은 날 천황의 재가를 얻었다. 이 방침을 기초로 하여 고무라 외상은 병합에 관한 순서, 방법 등을 기록한 의견서를 7월 하순에 가쓰라 수상에게 제출하여 각의의 동의를 얻었다. 이러한 방침 결정과 병행하여 국내적으로는 조선의 조속한 합방을 반대하고 있는 것으로 알려진 이토 통감의 경질 공작이 야마가타와 가쓰라를 중심으로 진행되었다. 그 결과 6월 14일 이토는 통감에서 물러나게 되었다. 야마가타와 가쓰라에게 있어서 이토의 배제는 조선 병합을 촉진하기 위한 일환이었다고 봐야 할 것이다.

8월 13일에는 간도 문제에 관한 각의 결정에서 간도 조선인에 대한 재판권을 정식으로 포기하고, 간도 문제 및 만주 현안의 타결을 시도했다. 일본으로서는 한일합방을 기본 방침으로 결정하고, 그것이 일본에게 가장 중요한 과제인 이상 열강 및 중국의 개입 가능성을 남겨서는 안되기 때문에 중·일 간 교섭에 최대 장애로 작용하고 있던 재판권을 포기함으로써, 국제적 간섭의 여지를 완전히 제거했다. 이를 통해 일본은 간도협약을 체결하여 간도 영유권을 중국에게 넘겨주고, 그 후 1년만에 아무런 저항이 없이 한일합방을 단행할 수 있었다.

역설적으로 말하면, 만약에 간도 문제가 미해결인 상태에서 한일합방을 단행할 경우, 다음과 같은 문제가 발생해 일본의 한국 병합은 곤란하게 된다. 첫째, 간도를 일본이 계속 점령한 상태에서—일본은 간도가 조선의 영토라는 전제 하에 간도를 점령하고 있었다—한일합방을 단행하면, 중국에서 봤을 때, 중국 영토의 일부를 포함한 것이 된다. 이에 대해 중국이 저항할 것은 분명하다. 중국의 저항이 존재하는 한 한일합방은 불완전한 것이 되며, 중국을 비롯한 열강이 조선 문제 및 만주 문제에 개입할 가능성은 오히려 커지는 결과를 가져오게 된다. 이러한 의미에서 간도 문제의 해결—중국이 만족하는 해결—이 없는 상태에서의 한일합방은 일본의 국제적 위기를 더욱 증폭시키게 될 것이다. 이러한 맥락에서 7월 들어 한일합방 방침이 완전히 결정된 이상, 한일합방의 장애가 되는 간도 문제의 해결은 불가피했다고 할 수 있다. 그런 의미에서 일본에게 있어서 간도 문제 해결은 한일합방을 위한 정지 작업이었으며, 간도 문제의 해결로 한일합방에 필요한 직접적인 장애는 전부 제거되었다고 할 수 있다.

이에 대해 모리야마(森山茂德) 씨는 간도협약의 체결로 일본이 "한일합방을 곧 바로 단행할 가능성은 일시적이긴 하지만 감소했다."고 논하고 있다(森山茂德 『近代日韓關係史硏究』). 이것은 간도 문제의 해결로 국제적 위기가 일시적으로 해소되었다는 의미에서는 타당하나, 그러한 위기 해소가 한일합방을 지연시켰다고는 할 수 없다. 오히려 간도 영유권 포기를 통한 일시적 위기 해소는 한일합방을 촉진시킨 결과를 가져왔다. 간도 영유권 문제의 해결로 일본이 한일합방을 단행하는데 마지막 남은 문제는 열강 가운데 러시아의 승인이었다. 1909년 11월에 시작된 제2차 러일협약의 교섭 과정에서 일본은 러시아로부터 한국 병합의 승인을 확보했다. 일본의 간도 영유권 양보는, 일본의 간도 진출로 형성된 러시아에 대한 위협을 상당히 감소시키는 요인으로 작용했을 것이다. 1910년 2월 고무라 외상은 「조선 병합 방침」을 재외공관에 시달하고, 1910년 7월 제2차 러일협약을 체결하고, 그 1개월 후 8월 22일 일본은 국제적으로 아무런 저항을 받지 않고 한일합방을 단행했다. 간도협약 체결 후 꼭 1년이 지난 시점이었다. 이상과 같은 의미에서 간도협약은 한일합방의 정지 작업의 일환으로 이루어졌다고 할 수 있다.

러일전쟁 후 일본에게 있어서 대중국 정책 및 대러시아 정책이 조선 문제를 대전제로 하고 있는 이상, 한일합방이야말로 일본 최대의 당면 과제였으며, 그것을 가능하게 한 것이 간도 영유권 문제였다. 또 일본의 간도 진출이 한일합방을 전제로 한 것이 아니라 해도, 그 진행 과정에 있어서는 (특히 한일합방이 본격적으로 논의되는 1908년에 들어와서는) 간도 문제의 해결과 한일합방 문제를—인과관계는 차치하고, 사실관계를 보면—밀접하게 관련된 형태로 진행되었다. 결과적으로는 간도 문제의 해결이 한일합방의 대전제였다고 할 수 있다. 그리고 이를 통한 한일합방의 단행은 일본의 간도 구상의 하나인 간도 영유권 문제의 해결을 통한 '조선의 안정적 지배'라는 목적도 달성하게 된 것이다. 결론적으로 일본은 간도협약을 통해 간도를 중국에 넘겨주는 대신에 당시 일본이 직면한 한일합방, 만주권익확보라는 모든 현안을 해결하게 되었다.

간도협약의 내용과 간도

1909년 9월 4일 북경에서 청의 흠명외무부상서 회판대신 양돈언(梁敦彦)과 일본의 특명전권공사 이쥬인(伊集院彦吉)이 조인한 「간도에 관한 청일조약(일반적으로 간도협약이라 함)」은 전문(前文)과 7개조로 되어 있다. 제1조, 청일 양국은 도문강(圖們江)이 선린의 호의에 비추어 조선과 청의 국경임을 서로 확인한다. 강원(江源) 지방에 있어서는 정계비를 기점으로 하여 석을수로써 양국의 경계로 한다. 제2조, (그 대가로) 청은 용정촌, 국자가, 두도구, 백초구를 외국인의 거주 및 무역을 위하여 개방하고, 일본은 이들 지역에 영사관 또는 영사관 분관을 설치한다. 제3조, 청은 종래와 같이 도문강 이북의 간지(墾地)에 조선인의 거주를 승인하고, 이 조선인 잡거 구역의 경계는 별첨의 지도에 표시한다. 제4조, 잡거지의 조선인은 중국의 법권에 따르고, 중국은 사법 및 행정에 있어서 조선인을 중국인과 똑같이 취급한다. 제5조, 잡거지 조선인의 재산은 중국인과 똑같이 보호받으며, 두만강 연안에 장소를 정하여 조선인과 중국인이 자유로이 왕래할 수 있게 한다. 제6조, 청은 장차 길장철도를 연장하여 조선의 회령에서 조선철도와 연결하여야 한다. 제7조, 2개월 이내 파출소를 철수하고 영사관을 개설한다.

이 조약에 의하면 한·중 양국의 국경선은 압록강-정계비-석을수로 확정되었으며, 백두산 천지도 중국의 것으로 되었다. 정계비를 기점으로 국경을 확정했다는 것은 중국이 줄곧 부정해왔던 백두산정계비를 국경 조약으로 인정했다는 것을 의미한다. 이는 간도협약이 과거 조선과 중국의 국경 교섭의 연장에서 체결된 것이 아니고, 중국과 일본의 작위에 의한 것이라는 것을 뜻한다.

그러고 이 조약에서 특이한 점은 간도가 중국에 귀속되었음에도 불구하고, 조선인의 거주권, 토지 소유권, 자유 왕래권과 같은 생활상의 권리가 종전과 다름없이 보장되고 있다는 점이다(재판권만 제외). 특히 조선인의 간도 자유 왕래권이 보장되어 있다는 점은 국경 조약으로서 매우 특이한 점이다. 이와 같은 현상은 역사적으로 간도가 조선인에 의해 개척, 개발되었으며, 조선인이 뿌리 깊은 생활 기반을 형성하고 있었기 때문에 중국으로서도 현실적으로 간도에서의 조선인의 권리를 인정하지 않을 수 없기 때문에 이루어진 조처였다. 이것은 조선인과 간도의 관계를 상징적으로 보여주는 대목이라고 할 수 있다.

이렇게 본다면 조선인들로서는 실질적으로는 간도가 자국의 영토나 거의 다름없는 상태를 계속 유지하게 되었다고 볼 수 있다. 간도는 조선인이 자유롭게 생활하고 왕래할 수 있는 권리를 가진 지역이었기 때문에, 그 후에도 많은 조선인들이 일제의 식민지 지배를 피해 자유롭게 이주해갔다. 그 결과 간도는 1945년 조선족자치주가 형성되고, 중국이 조선인의 비율을 인위적으로 낮추기 위해 정치적 조작을 하기 전까지는 줄곧 전체 인구 가운데, 조선인이 차지하는 비율이 항상 80% 이상 유지되었다. 이러한 의미에서 간도는 비록 중국의 영토가 되어버리긴 했으나, 실질적으로는 조선인이 주인으로 존재하는 또 하나의 작은 조선이었다고 할 수 있다.

그러다 보니 이곳은 해외에서 가장 많은 조선인들이 거주하는 곳이 되었고, 이러한 민족적 기반으로 인해 간도는 일본의 식민지 시대에 가장 활발한 독립운동의 근거지가 되었다. 우리 역사에서 가장 빛나는 무력항일투쟁으로 평가받고 있는 김좌진 장군의 청산리 대첩과 홍범도 장군의 봉오동 전투가

모두 이곳을 배경으로 하고 있는 것도 이 때문이다.

위와 같은 조선과 간도의 역사성 및 근접성 등을 고려하여, 간도협약 체결 이후 일본의 민간 우익 대륙론자들을 중심으로 간도를 조선 영유로 되돌리거나 조선인을 위한 특별지구화해야 한다는 논의가 일어나기도 했다. 1917년 스에나가(末永節) 등은 만주의 조선인을 축으로 '고구려국'을 건설해 만주를 중국으로부터 분리해야 한다고 주장했으며, 1920년에는 간도의 용정촌을 수도로 하는 '대고구려국' 건설 구상을 발표했다. 그리고 1931년 만주사변 직전 일본 외무성은 중국에게 간도를 조선인의 특별지구로 할 것을 요구하고, 그렇지 않을 경우 간도협약을 재검토해야 한다는 방침을 전달했다. 거의 같은 시기에 조선군 참모부와 간도 특무기관에서는 간도를 조선에 편입시킬 구체적인 계획을 세웠으나, 만주사변 발발로 무산되고 말았다. 만주사변 후 만주국 성립 직전인 1932년 1월에는 '단자유국(檀自由國)' 구상이 발표되었다. 이 구상은 만주사변으로 간도협약은 이미 그 효력을 상실했으며, 간도 용정촌을 수도로 하는 '단자유국'을 건설하여 간도를 조선인의 손에 환원시킨 후, 일본에 합병한다는 계획이었다. 물론 이러한 구상들은 당시 간도에서 고양되고 있는 항일운동에 대처하기 위한 하나의 방편으로 나온 것이지만, 일본 스스로 간도협약의 모순을 지적하고 있다는 점에서 주목할 필요가 있다.

간도협약의 효력 문제

을사보호조약과 간도협약

중국은 간도협약에 의거하여 현재 연변조선족자치주가 된 간도 지역을 실질적으로 지배하고 있다. 그렇다면 간도협약은 어떤 효력을 가질까. 이 협약의 효력 문제는 곧 간도의 영유권 문제에 대한 가장 기본적인 논거가 된다. 결론적으로 이야기하면, 이 협약은 법적 효력이 없으므로, 간도는 한국의 영토가 되어야 한다는 것이 한국 쪽의 일관된 주장이다. 한국 쪽의 주장을 중심으로 간도협약의 효력에 대한 논의를 간단히 정리해보자.

이 협약은 을사보호조약을 근거로 하여 일본이 한국을 대신하여 체결한 조약이다. 그러나 을사보호조약은 강압에 의해 체결된 조약이므로 조약으로서 효력이 없으며, 이 조약에 근거하여 체결된 간도협약은 당연히 원천적으로 무효일수밖에 없다는 것이 한국 학계의 가장 기본적인 주장이다.

설사 을사보호조약이 유효하다 하더라도, 일본이 간도협약을 체결할 권리가 있는가. 을사보호조약은 "(일본은) 금후 한국의 외국에 대한 관계 및 사무를 감리 지휘하며(제1조)", "한국 정부는 금후 일본 정부의 중개에 의하지 않고는 국제적 성질을 가진 어떠한 조약 또는 약속을 하지 못한다(제2조)"고 규정하고 있다. 이 업무를 담당하기 위해 일본은 한국에 통감을 두도록 되어 있으나, "통감은 단지 외교에 관한 사항만을 관리한다(제3조)"고 규정되어 있다. 이러한 문맥에서 본다면, 한국은 일본 정부의 중개를 거쳐 조약을 체결해야 하며, 일본은 한국의 외교를 '감리, 지휘'하도록 되어있다. 즉 조약 체결의 주체(당사자)는 어디까지나 한국이다. 그렇기 때문에 조약 체결의 당사자가 될 수 없는 일본이 체결한 간도협약은 무효이다. 만약에 일본의 '감리, 지휘'를 받아서 조선이 간도협약을 체결했다면 간도협약은 유효하다고 하겠다. 또 일본이 보호국으로서 외교 대리권이 있다 하더라도 그것은 '대리'에 한정되는 것이지, 조선의 주권을 본질적으로 침해하는 영토의 처분권까지를 포함하는 것은 아니라고 보는 것이 일반론이다.

나아가 을사보호조약이 유효하고, 일본이 조약 체결의 당사자 능력이 있다고 하더라도, 그것은 을사보호조약상의 보호권의 범위를 벗어나고 있다는 것이다. 일반적으로 보호국은 피보호국의 외교권을 대리하는데 있어서, 그 범위는 피보호국의 이익을 보호하는 목적에서 이루어져야 한다. 간도협약의 경우는 일본이 자국의 이익을 위해서 만주에 대한 권익과 간도 영유권을 교환한 것이다. 즉 이 교환은 조선의 이익을 위한 것이 아니라 일본의 이익을 위한 것이다. 간도협약은 피보호국(조선)을 희생시키고 보호국(일본)의 이익을 확보한 것이기 때문에 보호국의 권한의 범위를 벗어나는 것이다. 만약에 일본이 간도 영유권과 조선에 이익이 되는 그 무엇인가로 교환을 했다면, 보호권의 범위에서 용인될 수 있는 부분이 있을지도 모른다.

마지막으로 덧붙인다면, 간도협약이 유효하다고 가정하더라도, 협약의 당사자는 일본과 중국으로서 조선은 제3국에 해당된다. 조약은 당사국에게만 효력이 있을 뿐, 제3국에게는 아무런 영향을 미치지 않는다는 국제법의 일반 원칙에 의해서도 간도협약에 의한 간도 영유권의 변경은 있을 수 없다. 즉 간도협약은 협약 당사국인 일본과 중국 간에는 유효하더라도 조선에는 그 효력이 없는 것이다. 더욱이 조선은 일본에 대해 대리권을 위임한 적도 없을 뿐만 아니라, 일본이 체결한 조약에 동의하거나 승인을 한 적도 없기 때문이다.

이상과 같은 의미에서 당사자 문제, 보호권의 범위 등 간도협약에 대한 효력 문제에 관한 한 전적으로 일본에게 그 책임이 있다고 할 수 있다. 그러나 이 조약에 근거하여, 그 후 간도를 현실적으로 지배하고 있는 중국에 대한 부당성만을 지적해온 느낌이 있다. 간도협약의 원천 무효론의 입장에서는 일본 책임론에 대한 검토가 필요하다.

마지막 남은 제국주의 시대의 흔적

이상과 같이 간도협약 그 자체가 원천적으로 무효라고 하더라도 제국주의 시대에 체결된 간도협약이 그 후 실질적인 효력을 발휘하고, 그 결과 지금까지 중국이 간도를 지배하고 있는 것도 사실이다. 그러면 제국주의 시대가 막을 내린 제2차 세계대전 이후에 있어서 간도협약의 효력 문제를 어떻게 해석해야 할 것인가를 검토해 볼 필요가 있다.

우선 1965년의 한일기본관계조약과의 관계에서 보면, 한일기본조약 제2조는 1910년 8월 22일(한일합방) 및 그 이전에 한국과 일본 사이에 체결된 모든 조약 및 협정은 이미 무효라고 밝히고 있다. '이미 무효'의 시점에 대해서는 한·일 간에 차이가 있다. 한국은 조약 체결 당시부터 무효였다고 해석을 하고, 일본은 그 당시는 유효했는데 한국이 독립함으로써 이미 무효가 되었다는 의미로 해석을 하고 있다. 이 문제는 어느 쪽의 해석을 따르느냐에 따라 의미가 매우 달라진다. 예를 들면 당시부터 무효였다면, 그 이후 일본의 행위는 모두가 불법이기 때문에 과거사에 대한 배상 문제가 새롭게 대두될 수 있다. 그러나 여기에서 과거사의 배상 문제에 대해서 새삼스럽게 거론하려는 것은 아니다. 단지 한국의 주장처럼 당시부터 무효였다는 것이 이론적으로 확립된다면, 간도협약도 원천적으로 무효라는 또 하나 논거를 확립할 수 있으며, 이는 간도 영유권 문제에 대해 중국에 대항할 수 있는 유력한 근거가 된다. 일반론으로서는, 이 조항에 의해 전후 한일합방과 을사보호조약이 무효화되었듯이 간도협약도 무효라는 관점이 성립한다.

　그리고 카이로선언과 관련해서이다. 카이로선언은 "일본은 만주, 대만, 팽호도 제도 등 중국으로부터 도취한(뺏은) 지역을 전부 중국에 반환해야 한다."고 규정하고 있다. 다시 말하면 1895년 청일전쟁 이후 일본이 중국으로부터 뺏은 모든 권익과 영토를 되돌려 줘야 한다는 것으로, 그것은 1895년 이후 일본과 중국 사이에 체결한 모든 조약이 무효라는 것과 같은 의미이다. 그렇기 때문에 1909년에 중국과 일본 사이에 체결한 간도협약도 당연히 무효가 된다. 나아가 간도 영유권과 만주 권익의 교환설의 입장에서 보더라도 일본이 만주에 대한 권익을 포기한 이상, 중국도 간도에 대한 영유권을 환원시켜야 한다는 논리도 성립된다(그리고 간도에 대한 영유권과 한일합방이 교환적 의미를 가진다면, 이도 똑같이 성립된다).

　그리고 샌프란시스코조약(대일평화조약, 1951년 체결)과의 관련이다. 이 조약 제7조에는 "각 연합국은 전전 일본과 맺은 조약을 계속 유효한 것으로 할 것인지를 1년 이내에 일본에게 통고하도록" 해놓고 있다. 이에 기초해서 이 조약 효력 발생일(1952년 4월 28일)에 체결한 중일평화조약 제4조에는 "1941년 12월 9일 이전에 일본과 중국 사이에 체결된 모든 조약, 협약 및 협정은 전쟁의 결과로서 무효로 한다."고 규정하고 있다. 따라서 1909년 중국과 일본 사이에 체결된 간도협약은 자연히 무효가 된다. 이것은 당시 국제사회에서 중국을 대표하고 있던 중화민국(대만)이 이를 인정했다는 점에서 매우 의미가 크다. 이상과 같이 2차 대전의 종결을 계기로 동아시아뿐만 아니라 전 세계적으로 그 이전의 제국주의 시대에 박탈한이익과 권리를 전부 원상회복하고 있다. 그러나 제국주의 시대의 가장 상징적 산물인 자의적인 영토 처분에 의해 이루어진 간도협약은 아직 원상회복되지 않고 있다. 그런 의미에서간도협약은 동아시아에 남아 있는 제국주의 시대의 마지막 흔적이라 할 수 있다.

이상 간단히 살펴본 바와 같이, 간도협약은 원천 무효론에서부터 다양한 의미에서 그 부당성이 제기되고 있다. 그 연장선상에서 간도협약을 근거로 현실적으로 간도를 지배하고 있는 중국의 불법성을 지적할 수 있다. 그러나 여기서 주의해야할 것은 간도협약이 무효라고 해서 그것이 곧 바로 간도가 한국 땅이 된다는 것을 의미하는 것은 아니다. 간도협약이 무효라는 것은 1909년 간도협약 체결 이전의 상태로 되돌아간다는 것을 의미한다. 간도협약 체결 이전의 상태라는 것은 을유담판 내지는 정해담판과 같은 상태에서 한국과 중국 사이에간도 영유권 확정을 위한 새로운 논의가 필요하다는 것을 의미할 뿐이다.

북한과 간도 영유권

북한과 중국 사이에는 1962년 「조중변계(朝中邊界)조약」이 체결된 것으로 알려져 있다. 그러나 이 조약은 북한과 중국 사이의 비밀조약으로 정확한 내용은 알려져 있지 않다. 지금까지 간접적으로 전해진 바에 의하면, 북한과 중국은 간도협약의 '압록강—정계비—두만강 석을수' 경계를 백두산정계비와 전혀 관계없이 '압록강—백두산 천지(북한 54.5%, 중국 45.5%)—두만강 홍토수'로 국경을 새로 확정했다고 한다. 이는 종래의 간도협약에서 정한 국경선보다는 다소 유리하게 되었으나, 간도를 완전히 중국의 영토로 인정했다는 점에서는 많은 의문을 제기하게 한다.

북한과 중국이 왜 새삼스럽게 국경조약을 맺었는지는 대해서는 그 이유가 명확하지 않다. 수많은 국가들과 국경을 접하고 있기 때문에 항상 국경분쟁의 위험에 노출되어 있는 중국으로서는 '간도협약'의 불완전성을 보충하는 의미에서라도 조약체결의 필요성이 있었을 것이다. 또 중국의 한국전쟁 참전에 대한 대가로 이 조약이 체결되었다는 설도 있다. 북한으로서는 이 조약을 통해서 김일성의 혁명의 산실이라고 알려진 백두산의 천지를 조금이라도 되찾을 수 있었으며, 간도협약의 석을수를 두만강의 가장 북쪽 지류인 홍토수로 국경을 삼음으로써 영토를 조금 확장했다는 데 그 의의를 찾았는지도 모를 일이다.

북·중 간에 이루어진 조약이 사실이라면, 이 조약이 간도 영유권에 미치는 영향은 무엇일까. 여기에 대해서는 아직까지 국제법적으로 확립된 이론은 없는 것 같다. 일반론으로는 이 조약이 비밀조약인 이상 제3자에게 효력을 미치지 못하기 때문에 대한민국의 간도 영유권 주장에는 영향이 없다는 설이 있다. 그리고 북한을 국제법상의 정식 국가로 볼 것인가, 사실상 지방 정부에 불과한 존재로 볼 것인가에 따라 효력이 달라진다. 전자의 경우는 북·중 간의 조약이 효력을 가지게 되며, 후자의 경우는 효력이 없다고 보는 것이 일반적이다.

통일 한국의 경우는 어떻게 될 것인가에 대해서도 확립된 이론이나 원칙은 없다. 일반론적인 입장에서는 통일의 형태에 따라 다르게 해석된다. 북한이 남한을 흡수 통일할 경우는 당연히 북·중 간의 국경 조약은 계속 유효하게 될 것이나, 남한이 북한을 흡수 통일한 경우가 문제가 된다. 이 경우도 통일 한국이 북한의 국경 조약을 당연히 승계하여야 한다는 국제법 규칙은 존재하지 않으며, 주변국과의 외교적 협상에 따라 처리되는 것으로 보는 것이 일반적이다. 이 경우 독일 통일의 경우를 원용해 볼 수 있다. 동서독 통일 조약은 "동독이 체결한 조약은 조약 당사국과 협의하여 효력의 존속 여부를 결정한다"고 되어있다. 이 원칙에 따르면 중국과 협의를 한 후 효력의 여부를 결정하게 되겠으나, 그럴 경우 한·중 간에는 자연스레 간도 영유권을 포함한 국경회담이 개시될 것으로 생각된다. 이론적으로는 이러하다고 해도, 현실적으로 간도를 지배하고 있는 중국이 이에 동의하지 않을 경우, 매우 복잡한 문제가 야기될 것이다. 이 부분에 대한 깊이 있는 연구와 준비가 있어야 할 것이다.

에필로그: 대한민국 헌법 제3조와 영토 문제

대한민국 헌법 제3조는 "대한민국의 영토는 한반도와 그 부속도서로 한다."고 규정하고 있다. 어느 나라 헌법이든 자기 나라의 영토를 이렇게 명확하게 규정한 경우는 드물다. 영토는 조약이나 매입, 정복 등을 통해 항상 변화의 개연성이 있기 때문이다. 미국의 경우 독립 당시에는 13개 주에 불과했으나, 정복과 매입 등을 통해 지금 현재는 50개 주로 확장되어 있다. 만일 미국의 헌법이 우리와 마찬가지로 영토의 범위를 규정해 놓았다면, 영토 규정만을 바꾸기 위해서라도 지금까지 37번의 헌법 개정을 했어야 했다. 또한 알래스카나 뉴멕시코와 같은 넓은 땅을 쉽게 매입하지 못했을지도 모르며, 지금과 같은 미국의 건설은 불가능했을 수도 있다.

그런데 우리나라의 헌법이 이처럼 엄격하게 영토의 범위를 규정하고 있는 것은 북한 지역이 우리의 영토라는 사실을 천명하기 위한 의도로 이해할 수 있다. 그러나 이 헌법 3조가 미래의 우리 영토의 범위를 한정하고 있을 뿐만 아니라, 이러한 헌법 하에서는 고토 회복 등의 적극적인 의미를 부여하기는 매우 어렵다. 만약 러시아가 경제 사정이 좋지 않아 연해주를 한국에 매각한다고 했을 경우, 우리는 연해주 매입에 앞서 헌법을 먼저 고쳐야 한다. 그리고 남태평양에서 무인도를 발견했을 때, 우리는 그 섬을 우리의 영토로 만들지 못한다. 물론 이러한 엄격한 영토 규정은 방어적인 의미는 가질 수 있을 것이다. 즉 외부 세력에 의한 영토 축소의 위협이 발생했을 때, 이 헌법 조항은 유력한 대항 자료로 이용될 수 있을 것이다. 수많은 외적의 침입과 식민지까지 겪은 역사적 경험이 이러한 수동적인 헌법 조항을 잉태하게 했는지는 알 수 없다.

　다만 헌법 제3조는 우리의 영토 의식을 압록강과 두만강 이남으로 가두어 놓고 있다. 그러나 한국의 영토가 반드시 압록강과 두만강 이남으로 한정되어야 하는가에 대해서는 의문이 제기되고 있다. 역사적으로도 한국의 영토가 압록강과 두만강 이남으로 한정된 경우보다는 그렇지 않은 시기가 더 많았다는 논거도 충분한 의의를 가지고 있다. 최근 한·중 간에 문제가 되고 있는 간도 영유권을 보더라도 이는 자명하다. 간도는 두만강 북쪽 대안 지역을 가리킨다. 이곳은 식민지 이전까지만 해도 우리의 유력한 영토였으며, 지금도 그 가능성은 남아 있다. 그런데 헌법 3조는 이 가능성을 막아놓고 있다. 헌법 3조가 영토를 압록강과 두만강 이남으로 한정해 놓음으로써 두만강 이북 지역인 간도에 대한 영유권 주장은 엄밀한 의미에서 불가능하다. 이처럼 헌법 3조는 한국인의 영토 의식에 스스로 족쇄를 채우고 있다.

물론 그렇다고 헌법 3조를 없애고, 팽창주의적으로 영토를 확장하자는 것은 결코 아니다. 단지 불필요한 내용을 헌법에 규정함으로써 우리의 영토 의식을 스스로 축소시킬 필요는 없다는 의미이다. 결론적으로 헌법 3조는 삭제하거나, 굳이 영토 조항이 필요하다면, 상해임시정부의 임시헌장 제2조 "대한민국의 강토는 대한의 고유한 판도로 한다."는 정도로 표기하는 것이 바람직하다.

근대 국가는 기본적으로 민족의 분포와 영토를 일치시키는 민족국가(nation state)로 출발했다. 그러나 이는 하나의 이념형(ideal type)일 뿐, 실제로는 국경선과 민족의 분포가 일치하지 않는 경우가 많다. 그렇기 때문에 근대 국제 체제에서 민족과 영토는 매우 민감하게 작용하면서 민족 문제 또는 국경분쟁의 요소가 되기도 한다. 또 민족의 역사 궤적과 현재의 영토가 일치하지 않을 때에도 종종 영토 문제를 발생시킨다. 이 모든 문제가 복합적으로 나타난 곳이 한국과 중국 사이의 간도 영유권 문제이다. 중국이 동북공정을 통해 고구려와 발해의 역사를 자국의 역사로 만들고, 다민족 국가론을 주창하면서 간도의 조선족들에게 중국의 국민임을 강조하는 이유도 여기에 있다. 간도를 지역적 기반으로 한 고구려와 발해의 역사가 중국의 역사가 되어버리면 간도는 자연스럽게 중국에 귀속되게 된다. 거꾸로 간도의 영유권이 어디로 귀속되느냐에 따라 그곳을 중심으로 형성된 고구려사 및 발해사의 귀속 문제도 영향을 받게 된다. 이러한 의미에서 중국의 동북공정은 곧 간도 영유권 문제라는 현재적 의미를 가지게 되며, 이는 거꾸로 우리가 간도 영유권을 주장할 수밖에 없는 이유를 제공해 주기도 한다.

동북공정이든 '간도공정'이든, 아무튼 우리는 간도가 가지고 있는 역사의 진실과 함께 그곳이 한민족의 숨결이 살아있는 곳이 되기를 바랄 뿐이다.

*이 글의 전체적인 내용은 이성환(李盛煥)『近代東アジアの政治力学』(동경, 錦正社 1992年, 문부성우수도서)을 기초로 작성한 것임.

참고문헌

강석화, 『조선후기 함경도와 북방영토의』, 경세원, 2000.
양태진, 『한국 국경사 연구』, 법경출판사, 1992.
최장근, 『한중국경문제연구』, 백산자료원, 1998.
篠田治策, 『白頭山 定界碑』, 동경, 樂浪書院, 1938.
森山茂德, 『近代日韓關係史研究』, 동경, 東京大學出版會, 1987.

간도 영유권 관련 학위논문

곽주용, 「통일이후 북방영토 분쟁에 관한 연구」, 한남대, 2004
  (석사).
금경춘, 「압록·두만강 국경문제에 관한 연구」, 국민대, 1997(박사).
김정호, 「국제법상 간도영유권에 관한 연구」, 명지대, 2001(박사).
노계현, 「동간도 귀속문제를 논함」, 연세대, 1958(석사).
박시우, 「백두산 지역 영토분쟁에 관한 연구」, 연세대, 1993(석사).
서정천, 「간도영유권에 관한 연구」, 국방대학원, 1996(석사).
손규성, 「간도귀속문제에 관한 연구」, 경희대, 1968(석사).
신각수, 「국경분쟁의 국제법 해결에 관한 연구」, 서울대, 1991(박사).
신기석, 「간도의 귀속 문제」, 중앙대, 1955(석사).
우미영, 「'북간도' 연구」, 한양대, 1992(석사).
윤문식, 「(서)간도의 영토문제에 관한 일연구」, 고려대, 1995(석사).
이은진, 「간도의 영유권에 관한 사적, 법적연구」, 명지대, 1999
  (석사).
이일걸, 「간도협약에 관한 연구」, 성균관대, 1991(박사).
조미옥, 「독도 및 간도 영유권 분쟁의 중학교 국사교과서 적용방
  안」, 건양대, 2003(석사).
최정섭, 「간도문제와 국제관계」, 전북대, 1997(박사논문).
허인욱, 「고려 중기 동북계 범위에 대한 고찰」, 전남대, 2001(석사).

프랑스엔 〈크세주〉, 일본엔 〈이와나미 문고〉,
한국에는 〈살림지식총서〉가 있습니다.

📖 전자책 | 🔍 큰글자 | 🔊 오디오북

간도는 누구의 땅인가

| 펴낸날 | 초판 1쇄 2004년 11월 30일 |
| | 초판 6쇄 2021년 5월 7일 |

지은이	이성환
펴낸이	심만수
펴낸곳	(주)살림출판사
출판등록	1989년 11월 1일 제9-210호

주소	경기도 파주시 광인사길 30
전화	031-955-1350　팩스 031-624-1356
홈페이지	http://www.sallimbooks.com
이메일	book@sallimbooks.com

| ISBN | 978-89-522-0308-3　04080 |
| | 978-89-522-0096-9　04080(세트) |

085 책과 세계

강유원(철학자)

책이라는 텍스트는 본래 세계라는 맥락에서 생겨났다. 인류가 남긴 고전의 중요성은 바로 우리가 가 볼 수 없는 세계를 글자라는 매개를 통해서 우리에게 생생하게 전해 주는 것이다. 이 책은 역사라는 시간과 지상이라고 하는 공간 속에 나타났던 텍스트를 통해 고전에 담겨진 사회와 사상을 드러내려 한다.

056 중국의 고구려사 왜곡 `eBook`

최광식(고려대 한국사학과 교수)

중국의 고구려사 왜곡의 숨은 의도와 논리, 그리고 우리의 대응 방안을 다뤘다. 저자는 동북공정이 국가 차원에서 진행되는 정치적 프로젝트임을 치밀하게 증언한다. 경제적 목적과 영토 확장의 이해관계 등이 복잡하게 얽혀 있는 동북공정의 진정한 배경에 대한 설명, 고구려의 역사적 정체성에 대한 문제, 고구려사 왜곡에 대한 우리의 대처방법 등이 소개된다.

291 프랑스 혁명 `eBook`

서정복(충남대 사학과 교수)

프랑스 혁명은 시민혁명의 모델이자 근대 시민국가 탄생의 상징이지만, 그 실상을 아는 사람은 많지 않다. 프랑스 혁명이 바스티유 습격 이전에 이미 시작되었으며, 자유와 평등 그리고 공화정의 꽃을 피우기 위해 너무 많은 피를 흘렸고, 혁명의 과정에서 해방과 공포가 엇갈리고 있었다는 등의 이야기를 통해 프랑스 혁명의 실상을 소개한다.

139 신용하 교수의 독도 이야기 `eBook`

신용하(백범학술원 원장)

사학계의 원로이자 독도 관련 연구의 대가인 신용하 교수가 일본의 독도 영토 편입문제를 걱정하며 일반 독자가 읽기 쉽게 쓴 책. 저자는 역사적으로나 국제법상으로 실효적 점유상으로나, 어느 측면에서 보아도 독도는 명백하게 우리 땅이라고 주장하며 여러 가지 역사적인 자료를 제시한다.

144 페르시아 문화

신규섭(한국외대 연구교수)

인류 최초 문명의 뿌리에서 뻗어 나와 아랍을 넘어 중국, 인도와 파키스탄, 심지어 그리스에까지 흔적을 남긴 페르시아 문화에 대한 개론서. 이 책은 오랫동안 베일에 가려 있던 페르시아 문명을 소개하여 이슬람에 대한 편견과 오해를 바로 잡는다. 이태백이 이란계였다는 사실, 돈황과 서역, 이란의 현대 문화 등이 서술된다.

086 유럽왕실의 탄생

김현수(단국대 역사학과 교수)

인류에게 '예술과 문명' 그리고 '근대와 국가'라는 개념을 선사한 유럽왕실. 유럽왕실의 탄생배경과 그 정체성은 무엇인가? 이 책은 게르만의 한 종족인 프랑크족과 메로빙거 왕조, 프랑스의 카페 왕조, 독일의 작센 왕조, 잉글랜드의 웨섹스 왕조 등 수많은 왕조의 출현과 쇠퇴를 통해 유럽 역사의 변천을 소개한다.

016 이슬람 문화

이희수(한양대 문화인류학과 교수)

이슬람교와 무슬림의 삶, 테러와 팔레스타인 문제 등 이슬람 문화 전반을 다룬 책. 저자는 그들의 멋과 가치관을 흥미롭게 설명하면서 한편으로 오해와 편견에 사로잡혀 있던 시각의 일대 전환을 요구한다. 이슬람교와 기독교의 관계, 무슬림의 삶과 낭만, 이슬람 원리주의와 지하드의 실상, 팔레스타인 분할 과정 등의 내용이 소개된다.

100 여행 이야기

이진홍(한국외대 강사)

이 책은 여행의 본질 위를 '길거리의 철학자'처럼 편안하게 소요한다. 먼저 여행의 역사를 더듬어 봄으로써 여행이 어떻게 인류 역사의 형성과 같이해 왔는지를 생각하고, 다음으로 여행의 사회학적·심리학적 의미를 추적함으로써 여행에 어떤 의미를 부여할 것인가에 대해 말한다. 또한 우리의 내면과 여행의 관계 정의를 시도한다.

293 문화대혁명 중국 현대사의 트라우마 `eBook`

백승욱(중앙대 사회학과 교수)

중국의 문화대혁명은 한두 줄의 정부 공식 입장을 통해 정리될 수 없는 중대한 사건이다. 20세기 중국의 모든 모순은 사실 문화대혁명 시기에 집약되어 있다고 해도 과언이 아니다. 사회주의 시기의 국가·당·대중의 모순이라는 문제의 복판에서 문화대혁명을 다시 읽을 필요가 있는 지금, 이 책은 문화대혁명에 대한 안내자가 될 것이다.

174 정치의 원형을 찾아서 `eBook`

최자영(부산외국어대학교 HK교수)

인류가 걸어온 모든 정치체제들을 매우 짧은 기간 동안 시험하고 정비한 나라, 그리스. 이 책은 과두정, 민주정, 참주정 등 고대 그리스의 정치사를 추적하고, 정치가들의 파란만장한 일화 등을 소개하고 있다. 특히 이 책의 저자는 아테네인들이 추구했던 정치방법이 오늘 우리 사회가 당면한 문제를 해결할 수 있는 지혜의 발견에 도움을 줄 수 있을 것이라고 말한다.

420 위대한 도서관 건축순례 `eBook`

최정태(부산대학교 명예교수)

이 책은 도서관의 건축을 중심으로 다룬 일종의 기행문이다. 고대 도서관에서부터 21세기에 완공된 최첨단 도서관까지, 필자는 가능한 많은 도서관을 직접 찾아보려고 애썼다. 미처 방문하지 못한 도서관에 대해서는 문헌과 그림 등 가능한 많은 정보를 수집하려 노력했다. 필자의 단상들을 함께 읽는 동안 우리 사회에서 도서관이 차지하는 의미에 대해 다시 생각하게 된다.

421 아름다운 도서관 오디세이 `eBook`

최정태(부산대학교 명예교수)

이 책은 문헌정보학과에서 자료 조직을 공부하고 평생을 도서관에 몸담았던 한 도서관 애찬가의 고백이다. 필자는 퇴임 후 지금까지 도서관을 돌아다니면서 직접 보고 배운 것이 40여 년 동안 강단과 현장에서 보고 얻은 이야기보다 훨씬 많았다고 말한다. '세계 도서관 여행 가이드'라 불러도 손색없을 만큼 풍부하고 다채로운 내용이 이 한 권에 담겼다.

eBook 표시가 되어있는 도서는 전자책으로 구매가 가능합니다.

㈜살림출판사
www.sallimbooks.com
주소 경기도 파주시 문발동 522-1 | 전화 031-955-1350 | 팩스 031-955-1355